河北省社会科学基金项目"新质生产力背景下数智化赋能河北省现代农业高质量发展研究"（项目编号：HB24GL013）

数智化赋能农业高质量发展研究
——以河北省为例

李大赛　高亚飞◎著

中国纺织出版社有限公司

内 容 提 要

本书以河北省农业高质量发展为研究对象,解析数智化对河北省农业高质量发展的影响。本书通过案例研究,对比分析了不同地区在数智化应用、产业模式创新等方面的实践差异,提出了包括制定针对性扶持政策、构建数字化协同服务平台、加大科技创新与人才培养力度等一系列具体策略,以推动数智化深度融合于河北省农业发展的各个环节,为实现河北省农业现代化与高质量发展提供可复制、可推广的"河北方案",并为全国其他省份推广数智化、促进农业高质量发展提供有益参考。

图书在版编目(CIP)数据

数智化赋能农业高质量发展研究:以河北省为例 / 李大赛,高亚飞著. -- 北京:中国纺织出版社有限公司, 2025. 5. -- ISBN 978-7-5229-2734-3

Ⅰ. F327. 22

中国国家版本馆CIP数据核字第2025KV2725号

责任编辑:杨宁昱　　责任校对:王慧莹　　责任印制:储志伟

中国纺织出版社有限公司出版发行
地址:北京市朝阳区百子湾东里 A407 号楼　邮政编码:100124
销售电话:010—67004422　传真:010—87155801
http://www.c-textilep.com
中国纺织出版社天猫旗舰店
官方微博 http://weibo.com/2119887771
北京虎彩文化传播有限公司印刷　各地新华书店经销
2025 年 5 月第 1 版第 1 次印刷
开本:710×1000　1/16　印张:12.75
字数:200 千字　定价:99.90 元

凡购本书,如有缺页、倒页、脱页,由本社图书营销中心调换

前　言

实现高质量发展是中国式现代化的本质要求。而农业高质量发展关乎国家粮食安全、食品安全与生态安全，对国家经济增长具有重要的作用，对国家长治久安具有重大历史意义。随着大数据、人工智能等新一代信息技术的飞速进步，农业正经历着从传统范式向现代化范式转型的深刻变革，这个进程中不仅仅有前所未有的发展机遇，也伴随着诸多挑战。农业作为国家繁荣昌盛的稳固基石，在驱动我国经济快速增长和综合国力显著提升的过程中扮演着至关重要的角色。同时，"十四五"推进农业农村现代化规划的纲领性文件中明确了"农业高质高效"的内涵，指出了其发展导向，并重点强调数字化转型在农业高质量发展这个战略中起到核心作用。

河北省作为中国举足轻重的粮食生产大省之一，积极响应国家政策导向，在数字农业、智慧农业等领域取得了令人瞩目的成就，农业的生产效率和农产品品质两方面均得到了明显提升。然而，在全球市场竞争加剧与技术迭代加速的双重背景下，河北省现代农业仍面临数智化水平相对滞后、科技创新型人才供给不足等问题。鉴于此，本研究致力于系统性地探究数智化赋能河北省农业高质量发展的理论支撑与实践路径，更深刻地理解数字化对农业高质量发展的机理和作用模式，通过细致剖析数智技术如何重塑现代农业生产流程，挖掘其在提升生产效率、优化资源配置、加强农业国际竞争力等方面的潜在优势，以期为河北省乃至全国的农业高质量发展提供理论和实践上的参考与指导。

基于此，本研究以河北省农业高质量发展为研究对象，从数字化与智能化两个方面构建数智化发展水平评价指标体系；从新发展理念的五个方面，即创新、协调、绿色、开放、共享构建农业高质量发展评价指标体系；用改进的熵值法测算出河北省11个地级市数智化与农业高质量发展水平；运用固定效应回归模型解析数智化赋能河北省农业高质量发展的影响程度；通过异质性分析，揭示数智化影响河北省11个地级市农业高质量发展的地区差异性。此外通过案例研究，对比分析了不同地区在数智化应用、产业模式创新等方面的实践差异，准确地识别出当下河北省11个地级市在农业高质量发展过程中面临的挑战和改进空间。

研究结果显示，河北省数智化与农业高质量发展均存在地区差异性，数智化方面，河北省数智化发展水平逐年稳步上升，同时第一、二、三产业与数智化的关联程度也在逐年稳步提升，从而从产业优化的视角带动河北省11个地级市数智化的平稳发展。在河北省11个地级市中，石家庄、廊坊、保定等地区的数智化发展处于领先位置，承德、秦皇岛的数智化发展水平较低，与领先地区的差距较大。农业高质量发展方面，河北省整体农业高质量发展水平逐年递增且增长速度明显，河北省11个地级市的农业高质量发展增速有一定的差异性。一些城市市政府提高了农业中机械科技的投入资金、加大了对农业的支出，城乡发展的差距也逐渐缩小，农村的经济水平和农民的收入水平也有所提高，在这些因素下其农业高质量发展进程增快。从不同地区来看，虽然每个地区的农业高质量发展水平呈上升之势，但发展水平却不尽相同，石家庄、保定等地的发展水平处于领先位置，反之，秦皇岛、承德等地的水平较低。

从实证结果来看，河北省的数智化对农业高质量发展起到了促进作用。其中教育投入、科学技术投入、政府干预显著影响河北省农业高质量发展，说明人才、科技研发投入与政府农业补贴对推动农业高质量发展有重要作用。在地区异质性上，数智化在11个地级市显著促进农业高质量发展，但影响程度不同，其中对石家庄、保定这两个地区的影响最大。门槛效应上，当农户固定资产投资低于 130 067 万元时，数智化发展对农业高质量发展的推动作用较为迅速，当农户固定资产投资高于 130 067 万元时，数智化发展对农业高质量发展的推动作用有所减缓。同时实证数据显示数字普惠金融影响着数智化与农业高质量发展之间的关系。

本书根据研究结果提出了包括制定针对性政策扶持、构建数字化协同服务平台、加大科技创新与人才培养力度等一系列具体策略，旨在推动数智化深度融合于河北省农业发展的各个环节，为实现农业现代化与高质量发展提供可复制、可推广的"河北方案"，并为全国范围内同类问题的解决提供有益参考。

李大赛

2025 年 1 月

目 录

第1章 绪论
1.1 研究背景与意义 / 1
1.2 研究思路与内容 / 5
1.3 研究方法与创新点 / 10

第2章 概念界定与文献综述
2.1 概念界定 / 15
2.2 相关理论 / 20
2.3 数智化与农业高质量发展关系的研究 / 29
2.4 文献评述 / 36
2.5 本章小结 / 37

第3章 数智化赋能农业高质量发展的机理分析
3.1 数智技术对河北农业发展的重要性 / 39
3.2 数智技术赋能农业高质量发展的内在机理 / 40
3.3 数字新质生产力促进农业高质量发展的内在机理 / 46
3.4 数智化农业创新平台模式推动农业高质量发展的内在机理 / 50
3.5 数智化成本管控助力农业高质量发展的内在机理 / 53
3.6 本章小结 / 57

第4章 河北省数智化赋能农业高质量发展的演变与现状

4.1 河北省数智化赋能农业高质量发展的历史演变 / 59

4.2 河北省数智化与农业高质量发展的现状 / 64

4.3 本章小结 / 94

第5章 河北省数智化赋能农业高质量发展实证分析

5.1 研究假设 / 97

5.2 研究设计 / 99

5.3 实证分析 / 108

5.4 本章小结 / 116

第6章 国内数智化赋能农业高质量发展：比较与借鉴

6.1 国内四省农业数智化发展状况 / 117

6.2 对比分析与启示 / 134

6.3 本章小结 / 136

第7章 数智化赋能河北省农业高质量发展的实现路径

7.1 制定数智农业专项发展规划，引领河北数智化农业创新发展 / 139

7.2 构建数字化协同网络，提升河北农业产业链智能化管理水平 / 150

7.3 实施数智农业人才策略，优化河北数智人力资本机制 / 159

7.4 借鉴省际经验与本土化应用，加速河北省农业数智化转型 / 166

7.5 本章小结 / 174

第8章 结论与展望

8.1 结论 / 175

8.2 展望与不足 / 177

参考文献 / 179

后　记 / 195

第1章 绪论

1.1 研究背景与意义

1.1.1 研究背景

在我国，自古以来农业一直是国家繁荣发展的基石。作为推动国家经济发展和综合国力提升的支柱产业，农业在促进经济增长、保障粮食安全、维持生态平衡以及促进农村社会稳定等方面发挥着不可替代的作用。历史上，我国农业经历了从刀耕火种到精耕细作的演变，展现了中华民族在农业技术与文化上的深厚积累与创新精神。进入新时代，面对国内外复杂多变的经济形势和资源环境约束加剧的现状，农业的发展路径必须更加高效、可持续。近几年，关于农业高质量发展的议题上，国家出台了一系列的政策。2021年，国务院印发《"十四五"推进农业农村现代化规划》，该规划中明确提出了"农业高质高效"的发展引导，把其作为实现农业现代化的核心要求，还详细规划了未来五年农业农村发展的蓝图，强调了科技创新在驱动农业现代化进程中的关键作用。

随着大数据、云计算、人工智能、物联网以及数智化等新兴技术的飞速发展，农业领域正迎来前所未有的变革机遇。而农业高质量发展之路并非坦途，其面临着诸多挑战。因此，实现从传统农业模式向现代农业模式的顺利转型，不仅需要技术创新和政策支持的双重驱动，还需要广大农民的积极参与和社会各界的广泛合作，一起探索适合中国国情的农业高质量发展的道路。面对新机遇与新挑战，我们必须坚持创新驱动发展战略，深化农业供给侧结构性改革，加强农业科技研发与应用，以确保农业高质量发展行稳致远。

近年来，河北省的粮食产量一直保持在较高水平，并呈现稳定增长的趋势，根据国家统计局 2024 年 12 月发布的数据，河北省粮食播种面积为 9 690.20 万亩，总产量为 390.90 亿千克，亩产达到 403.35 千克，分别比上年增长 0.08%、2.60%、2.50%。这是近年来河北省粮食产量的历史新高❶。这体现了河北省在粮食生产方面的强大实力和稳定性。但在大数据、人工智能技术的高速发展下，河北省大力推行现代农业数智化，开展了如数字农业、智慧农业、农村电商、智能植保机器人技术应用等全新数字化创新应用。但在外部竞争加剧和内生动力不足的双重挑战下，河北省现代农业还存在诸如数智化转型程度低、数字农业科技创新人才不足、数智创新自主能力不强、数智创新与传统农业融合度低、农业企业数智化成本高等问题，这严重制约了农业的生产经营，威胁到了粮食安全、食品安全与生态安全，进一步影响了河北省农业高质量发展，故转变农业生产经营模式，走农业现代化道路迫在眉睫。因而，深入分析制约河北省现代农业数智化发展的影响因素，探寻河北省数智化赋能农业高质量发展的路径，对于推进河北省农业高质量发展具有必要性和现实性。

新质生产力是以创新为主导，摆脱传统路径依赖，具备高科技、高效能、高质量特征的先进生产力形态，它符合新时代的发展理念，是推动社会进步的关键力量。数智化作为新质生产力的重要组成部分，是引领新一轮科技革命与产业革命的新型战略性组织形态，是推动先进生产力的发展，实现中国式现代化的重要引擎。农业高质量发展是乡村振兴的基础，在推动农村经济发展、保障国家粮食安全、促进农业可持续发展等领域中发挥重要作用。数智化赋能农业高质量发展是科技创新推动现代农业创新，改变传统农

---

❶ 数据来源：国家统计局。

业的生产方式，为现代农业强国和农业新质生产力的提升提供新的机遇和挑战。通过科技创新，数智化正在深刻改变着现代农业的生产方式，从数字农业、智慧农业的广泛应用到农村电商的蓬勃发展，再到智能植保机器人等先进技术的创新应用，数智化正在为现代农业注入新的活力。随着未来更多创新技术的融入，农业将迎来更加繁荣的发展期。

近年来，在国家大力推动农业现代化与数智化融合的背景下，河北省正全力推进现代农业数智化进程，并取得了令人瞩目的成效。数字农业和智慧农业的广泛应用不仅显著提升了农业生产的精准度和效率，还通过智能化管理和数据分析，实现了智能灌溉、病虫害预警等精准作业，有效提升了农产品的质量和竞争力，满足了消费者对高质量农产品的需求。此外，智能植保机器人、无人机巡检等先进技术的应用，不仅有效减轻了农民的劳动强度，还显著提高了农业生产的安全性和绿色可持续性，为农业的绿色发展打下了良好的基础。数智化为农业全面现代化的目标注入新的技术与活力，为农业高质量加速发展提供强有力的支撑。因此，数智化对农业高质量发展的影响成为政府与学界深切关注的热点问题。

1.1.2 研究意义

数智化赋能河北省农业高质量发展的研究，不仅承载着深远的理论探索意义，更在实践中展现出显著的现实价值与社会效益。这一研究不仅是对现代农业发展趋势的积极响应，更是对河北省农业大省地位巩固与提升的战略考量。本研究聚焦于数智化赋能河北省农业高质量发展的理论价值，旨在通过深入剖析数智化与现代农业融合的内在机理，明确数智化与农业高质量发展的内涵，建立数智化和农业高质量发展的指标体系，实证探究两者之间的关系，并深入剖析其背后的驱动机制。这些关键影响因素包括农业信息化基础设施的完善程度、农业大数据资源的开发利用水平、农业智能化技术的创新与应用能力、农业人才培养与引进机制的有效性等，它们共同构成了数智化赋能现代农业高质量发展的基础支撑和核心动力。揭示数智化对河北省乃至全国农业高质量发展的关键作用,明确数智化对提高农业生产效率、促进产业升级的显著影响,可提升农业产业链的整体竞争力,为农业现代化进程迈向新高度提供坚实的理论支撑。

在实践意义方面,研究数智化对河北省农业高质量发展的总体效应,一是可以使河北省政府有关部门了解数智化对当前河北省农业高质量发展的具体影响,提出的促进数智化与河北省农业高质量发展建议,为河北省政府制定有关政策提供参考,并更好地发挥数智化对河北省农业高质量发展的支持作用。具体体现是强化数智技术(数字技术与智能技术的融合)创新与应用,为政府决策提供科学依据,推动现代农业数字化与智能化升级。对于河北省而言,加强现代农业数智技术的创新与应用不仅是提升农业生产效率、优化资源配置、增强农业竞争力的迫切需要,更是推动农业产业转型升级、实现高质量发展的必然选择。本研究通过系统梳理数智技术在现代农业中的应用现状和发展趋势,深入剖析了数智化对农业高质量发展的深远影响。在此基础上,为河北省政府提供实施数智化农业政策的科学依据。政府可以据此制定更加精准、有效的政策措施,推动现代农业的数字化与智能化升级。二是提出数字乡村建设与农业企业数智化转型策略,助力河北省现代农业高质量发展。数字乡村建设与农业企业数智化转型,是河北省现代农业高质量发展的两大核心战略。在数字乡村建设方面,本研究强调要完善乡村信息基础设施,提升乡村治理智能化水平,推动乡村公共服务数字化,为农民提供更加便捷、高效的服务,从而促进乡村经济的多元化发展、加强乡村文化的传承与创新、提升乡村社会的文明程度。在农业企业数智化转型方面,本研究鼓励企业积极拥抱数智技术,通过智能化生产、数字化管理等手段,提升企业的运营效率和市场竞争力。同时,加强农业与互联网的深度融合,推动农产品电商、乡村旅游等新业态的发展,为河北省现代农业注入新的增长点和动力。这些策略的实施,将有力推动河北省农业企业的转型升级和高质量发展,为实现农业现代化和乡村振兴贡献力量。这一研究不仅是对现代农业发展趋势的积极响应,更是对河北省农业大省地位巩固与提升的战略考量。

1.2 研究思路与内容

1.2.1 研究思路

本书根据"提出问题—分析问题—解决问题"的研究进路,按照"问题提出—理论研究—实证研究—提出建议"的研究逻辑逐步展开。

首先是问题提出。在数字化智能化时代背景下,河北省现代农业的高质量发展之路既迎来了前所未有的历史机遇,也面临着诸多挑战与考验。随着数智技术的日新月异,其强大的数据处理、智能决策与自动化控制能力为农业生产带来了革命性的发展。而将这些先进的数智化手段有效融入农业生产实践,成为推动河北省农业现代化进程的关键所在。当前,河北省在农业数智化应用方面尚处于初级探索阶段,面临技术应用范围狭窄、产业融合程度不深、智能化发展水平不高等一系列问题。本研究致力于深入探讨数智化如何精准赋能河北省现代农业的高质量发展,通过全面剖析数智技术与现代农业的深度融合路径,深刻揭示数智化在提升农业生产力方面的内在作用机理。在此基础上,本研究将从理论基础出发,紧密结合实证研究,提出一系列具有针对性和可操作性的政策建议,旨在为推动河北省现代农业的转型升级和高质量发展提供有力的理论支撑和实践指引。

其次是理论研究。该部分将深入剖析数智技术理论、数字新质生产力理论以及农业高质量发展理论等,以构建一套完整的理论体系。本研究将详细阐述数智技术的基本概念、核心特点及其在现代农业生产中的潜在应用优势和实际效能,揭示数智技术如何通过数据驱动、智能决策等手段,为农业生产带来根本性变化。同时,我们将引入数字新质生产力理论,深入探讨数智化如何颠覆传统农业生产模式,推动农业生产向高产、高效、高质量、高效益的方向发展,进一步推动农业高质量发展。最后,结合农业高质量发展理论，我们将深入解析数智化与农业高质量发展的内在联系，针对数智化赋能河北省农业高质量发展的机理进行分析，明确数智化在推动河北省农业高质量发展进程中的关键作用。系统的文献综述和理论梳理将为后续实证研究提供坚实的理论基础，确保研究的科学性和严谨性。

再次是实证研究。该部分将紧密围绕河北省农业数智化的实际状况，采用科学严谨的统计方法，深入探究数智化与农业高质量发展之间的内在联系。具体而言，我们将运用双向固定效应回归模型等先进的统计工具，对数智化在推动农业高质量发展过程中的作用进行实证分析。在数据收集与整理阶段，我们广泛搜集河北省数智化与农业高质量发展的相关数据，确保数据的全面性和准确性。同时，采用熵值法这一科学方法进行指标选取和数据整理，可以为后续的实证分析奠定坚实基础。在实证分析阶段，我们将构建数智化与农业高质量发展影响因素的实证模型，通过相关分析、基准回归分析以及门槛效应分析等多种方法，全面揭示数智化对农业高质量发展的具体影响和作用路径。这些分析将有助于我们更深入地理解数智化在农业生产中的应用效果，为后续的政策建议提供有力支持。为保证研究结果的可靠性和准确性，实证结果将进行规范的稳健性检验与内生性检验。可靠和准确的实证研究将为理论框架提供坚实的实证支持，为后续政策建议的提出提供充分的数据支撑，从而推动河北省乃至全国的农业高质量发展。

最后是提出建议。本研究借鉴江苏、山东省等地农业数智化发展的特点与优势，结合实证分析结果，从制定数智农业专项发展规划、构建数字化协同网络、加强数智农业人才策略、借鉴省际经验与本土化应用四个维度出发，提出一系列具有针对性的政策建议。其一，制定数智农业专项发展规划应通过构建法治化政策框架、加大关键技术研发力度、实施试点项目，引领河北数智化农业创新发展。其二，构建数字化协同网络应通过夯实信息基础设施、搭建农业产业链协同平台、创新金融服务模式，提升河北农业产业链智能化管理水平。其三，加强数智农业人才策略应通过完善教育培训体系、实施人才引进计划、设计绩效激励机制，优化河北数智人才资本机制。其四，借鉴省际经验与本土化应用应通过分析省际成功案例、制定本土化实施策略、优化政策法规环境、开展典型案例研究，加速河北省农业数智化转型，通过制定数智农业专项、构建数字化协同网络、加强数智农业人才策略、借鉴省际经验与本土化应用综合施策、协同推进，推动河北省现代农业实现更高质量的发展。

1.2.2 研究内容

本研究分为 8 章，具体安排如下。

第 1 章，绪论。主要介绍研究背景、理论意义与实践意义，确定本研究的主要研究思路、研究内容、研究方法以及研究的创新点。

第 2 章，概念界定与文献综述。对数智化、农业高质量发展、新质生产力等核心概念进行辨析，对数智化相关理论、农业高质量发展相关理论，新质生产力相关理论、可持续发展相关理论进行了综述，并对国内外学者研究数智化影响农业高质量发展的相关成果进行了梳理，并进行了文献评述。

第 3 章，数智化赋能农业高质量发展的机理分析。从数智化赋能角度剖析其对农业高质量发展的推动作用。数智技术应用如精准农业、智慧农业管理系统及农业大数据技术等，能够提升农业产业智能化水平，相互协同促进农业新质生产力发展，为高质量生产提供科学支撑。数字新质生产力的三要素为高素质劳动者、数智化劳动资料和新劳动对象，其有助于催生智慧农业、生态农业等新模式，实现农业生产智能化、绿色化、可持续化，还能创新产业模式，形成农业与旅游、文化等融合的新业态，共同助力现代农业发展。数智化在成本管控方面，能优化流程、提升要素生产效率，企业借助其全流程管理数据资源，运用大数据和 AI 技术精准作业，降低成本，推广智能农机减少人力投入，彰显在农业成本管控中的价值，进一步推动农业高质量发展。

第 4 章，河北省数智化赋能农业高质量发展的演变与现状。梳理了河北省农业数智化的进程，包含起步探索阶段、快速发展阶段与深入发展阶段。同时，根据统计数据，对河北省数智化现状进行了分析，描述了河北省数智化的发展现状。从创新、协调、绿色、开放、共享五个维度，概述了河北省农业高质量发展的现状，从中得出目前河北省数智化以及农业高质量发展的发展趋势、发展中遇到的问题和不足，为实证分析奠定现实基础。

第5章，河北省数智化赋能农业高质量发展实证分析。本章聚焦数智化如何赋能河北省农业高质量发展。通过引入智能感知、大数据分析、人工智能等先进技术，河北省农业实现了精准种植、智能灌溉、病虫害预警等功能的显著提升，有效提高了农业生产效率和产品质量。同时，数智化平台的建设还促进了农业产业链上下游的紧密协同，降低了运营成本，增强了市场竞争力。本章通过收集河北省数智化与农业高质量发展的相关数据，采用熵值法构建农业高质量发展指标体系，对河北省现代农业数智化水平进行精准测算。通过双向固定效应回归模型，异质性分析，门槛检验等方法，深入挖掘数智化赋能农业高质量发展的关键影响因素。

第6章，国内数智化赋能农业高质量发展：比较与借鉴。分析部分省市在数智化赋能农业高质量发展方面积累的经验。江苏省通过政策引导、基础设施建设强化、技术创新驱动等措施，构建了农业数智化创新发展的新高地，如常州国家农业科技园实现田间远程管护。山东省则依托数智农业综合服务平台，打造数智农业标杆企业，推动农产品电商与品牌建设，如烟台市数智乡村建设成效显著。吉林省聚焦现代化农业发展，实施机械强农行动，智慧农机具普及应用，农业生产效率大幅提升，智慧农业实践成效突出。山西省则在农业基础设施数字化、生产经营智能化、大数据应用等方面取得显著成效，通过产学研合作推动农业数字化转型，如基于5G网络的智能灌溉系统应用广泛。这些省份均注重政府、高校、企业等多方协同，共同推动数智农业发展，建立了较为完善的农业数据共享和应用体系，并注重农业科技人才培养，为数智化农业发展提供有力支撑。这些经验为河北省数智化赋能农业高质量发展提供了有益借鉴。

第7章，数智化赋能河北省农业高质量发展的实现路径。借鉴江苏省、山东省等地农业数智化发展的特点与优势，结合实证分析结果，针对河北省农业高质量发展的现状，提出几方面的实现路径，本研究将从制定数智农业专项发展规划、构建数字化协同网络、加强数智农业人才策略、借鉴省际经验与本土化应用四个维度出发，提出一系列具有针对性的政策建议，推动河北省现代农业实现更高质量的发展。

第8章，结论与展望。本章首先对研究内容进行归纳总结，分为两个部分，一是对实证结果总结归纳，二是针对不同变量的影响大小得出结论。其次，基于对二者关系的深入探讨，试图分别从制定数智农业专项、构建数字化协同网络、加强数智农业人才策略、借鉴省际经验与本土化应用四个方面提出实现农业高质量发展的展望。

本研究技术路线图如图1-1所示。

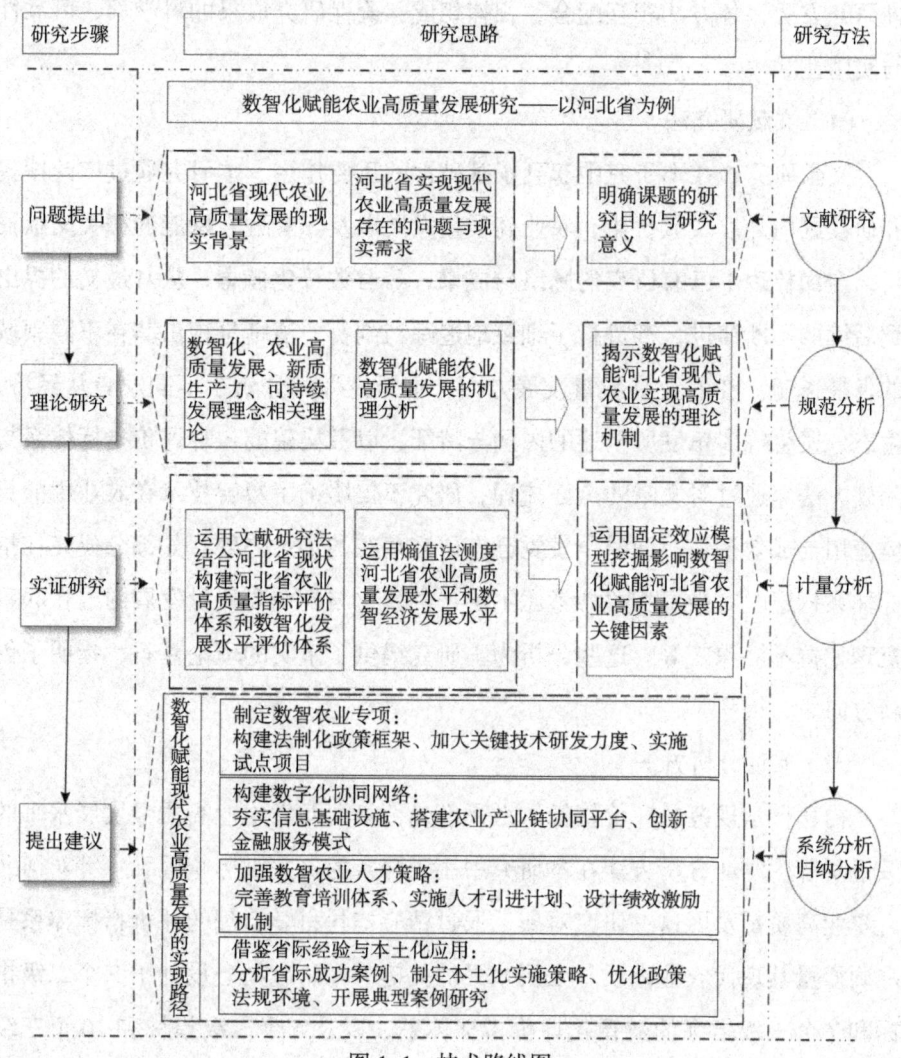

图1-1 技术路线图

1.3 研究方法与创新点

1.3.1 研究方法

本研究围绕数智化赋能河北省农业高质量发展展开深入研究，运用了多种研究方法，各方法相互配合、相辅相成，确保研究成果的科学性、可靠性与实用性。

（1）文献研究法

文献研究法在本研究中起到了基础性的重要作用。本研究通过广泛搜集和研读国内外涉及数智化、农业高质量发展以及二者融合赋能的相关文献资料，全面梳理了已有研究的脉络与成果，并对数智化概念，从其最初的提出到后续的不断演进，都进行了细致地追踪与剖析，清晰呈现出其在不同领域的发展态势。在农业高质量发展方面，本研究仔细分析了不同学者从经济、生态、民生等多角度所阐述的内涵与特征，以及构建的各种评价指标体系与测度方法。通过对文献的全面梳理，研究不仅明确了数智技术在农业中的具体应用与成效评估，同时也发觉已有研究存在的不足之处，如部分研究在指标体系构建时对指标相关性考虑不足，数智化与农业高质量发展的内在联系机理挖掘不够深入等。这些分析为本研究提供了坚实的理论基石，指明了创新方向。

（2）实证分析方法

构建科学规范的评价指标体系是准确衡量河北省农业高质量发展水平的关键步骤。实证分析方法在本研究中用于深入挖掘关键影响因素。针对河北省农业高质量发展这一研究对象，通过精心构建科学合理的评价指标体系是准确衡量其现代农业高质量发展水平的关键。本研究精心设计了2个二级指标和7个三级指标的数智化评价指标体系，以及5个二级指标和10个三级指标的现代农业高质量发展评价指标体系。在测算方法上，本研究创新性地运用熵值法。该方法的独特优势在于能够同时兼顾指标之间的相关性以及指标信息量的离散程度，避免了传统方法仅考虑单一因素导致权重计算不准确的问题。

通过这种综合考量的方式计算权重，可以对河北省现代农业高质量发展综合指标进行测算，使研究能够更加科学、准确地反映河北省现代农业的实际发展水平，为后续研究提供客观、可靠的量化分析依据，有助于深入分析河北省现代农业发展的优势与不足，为提出针对性对策奠定基础。运用熵值法对数智化与河北省农业高质量发展综合指标进行测算，能够更加科学、准确地反映河北省农业的实际发展水平。此外，研究采用双向固定效应回归模型。该模型能够有效控制个体差异和时间效应，从而更为精准地揭示数字乡村建设、政府数智化投入、互联网农业发展等因素对数智化赋能河北省农业高质量发展的实际影响。通过运用模型进行严谨的分析，能够准确找出起关键作用的因素，并清晰呈现出各因素之间的内在关系与作用机制。这些关键影响因素的确定，为后续提出具有针对性和可操作性的对策和建议提供了科学依据，切实有效地推动河北省农业高质量发展。

（3）案例分析与对比研究相结合

在实证研究阶段，本研究运用案例分析法中的对比研究手段。通过广泛收集全国先进农业地区以及河北省现代农业的相关数据与信息。对这些信息进行深入的对比分析，研究全国先进农业地区在数智化应用、产业模式创新等方面的成功经验与优势所在，将河北省现代农业与之进行全面对比，找出河北省农业高质量发展过程中存在的困境与差距，如在数智化转型速度、农业科技创新能力、产业融合程度等方面的不足。一些先进的数智技术，如智能感知、精准作业、大数据决策支持等，在河北省的农业实践中尚未得到广泛应用，导致农业生产效率与智能化水平提升有限。

（4）综合研究法

综合研究法贯穿于整个研究过程。研究将数智技术理论、新质生产力理论、成本管控理论与高质量发展理论有机联系起来，构建全面的理论分析框架。从理论层面深入剖析数智化赋能河北省现代农业高质量发展的内在联系机理，详细阐述数智技术如何提升农业产业智能化水平、数字新质生产力怎样推动新型农业模式发展以及数智化成本管控对农业增效的作用机制等。同时，紧密结合实际研究工作，将理论与数据采集、指标测算、实证分析等实践研究环节紧密结合。在实际研究中，依据理论框架指导数据收集与分析，又通过实践研究结果不断修正和完善理论，实现了理论与实践的良性互动与有机融合。这种综合研究方法使得研究成果既能在理论上站得住脚，具有一定的学术价值，又能紧密贴合实际应用场景，为河北省现代农业发展提供切实可行的指导建议，确保研究成果的科学性和实用性。

1.3.2 创新点

（1）研究思想

本研究从数智化与农业高质量发展两个方面进行分析，是对国家实施农业高质量发展路径探索与分析有积极作用。同时，已有研究对数智化与农业高质量发展的研究绝大多数是从全国层面进行分析，对于省级层面的分析相对较少，本研究选取河北省数智化与农业高质量发展相关数据，对河北省农业高质量发展有较强的针对性。

（2）研究方法

本研究从理论逻辑、历史逻辑与实践逻辑相结合去开展研究。本研究深入分析了数智化赋能农业高质量发展的理论作用机理，并结合河北省农业高质量发展的三大演变历史，结合河北省数智化、农业高质量发展相关数据的定量分析，与国内四省案例对比分析和农业高质量实现路径探索，保证了研究的严谨性，让研究更有指导性。

在定量分析方面，本研究充分运用河北省近年来在数智化农业领域的各项数据，包括智能设备的数量、农业大数据平台情况、农业科技研发的投资额度等，客观评估了河北省数智化转型的进展与成效，以及农业高质量发展的现状与潜力。

在案例对比分析方面,本研究精心挑选了国内数智化农业发展水平较高、农业高质量发展成效显著的四个省份,如江苏、山东等,通过对比分析,本研究不仅找出了河北省在数智化转型、农业高质量发展方面的优势与亮点,更清晰地认识到了存在的差距与不足,为制定针对性的发展策略提供了有力依据。

第2章 概念界定与文献综述

2.1 概念界定

2.1.1 数智化与赋能

（1）什么是数智化

2015年，北京大学"知本财团"课题组首次提出"数智化"的概念，并强调数智化是将数字智慧化与智慧数字化相结合。其中，数字智慧化是将数字技术融入智慧化应用中，通过数据收集、处理、分析和智能决策等手段，实现更高效、更智能的管理和服务（张远新等，2024），它不仅仅是技术的叠加，更是技术与智慧的深度融合，其目标是全方位提高各行业运转效能，推动智能化进一步发展；智慧数字化深度融合数字化、信息化与智能化，是对这些理念的系统性升华与延伸，它强调在数字技术的基础上，通过智能化手段实现信息的智慧化处理和应用（张丽娟等，2024）。这一理论不仅关注信息的形态转变，更注重信息资源的整合、挖掘与价值创造，旨在构建一个高效、智能、可持续的信息生态系统。同时，大数据与人工智能作为数智化的两大核心驱动力，它们之间的协同作用尤为显著，彼此促进，共同推动了数智化融合的新高度。数智化不是数据化与智能化的简单叠加，而是两者深度融合后的创新应用，它利用先进的数字技术与智能算法，实现了对海量数据的精准管理与深度分析，为企业决策提供了科学依据，也为社会治理带来了前所未有的效率与透明度（单宇等，2021；陈剑和刘运辉，2021）。这一进程标志着新一轮科技革命正引领着生产经营方式的深刻变革，传统产业在数字化与智能化技术的赋能下，得以探索出全新的价值创造模式。这不仅提升了传统产业的竞争力，也为经济社会的可持续发展注入了强劲动力（阳镇和陈劲，2020）。此后，随着新一代数字技术的广泛应用和发展，大数据和人工智能相辅相成、相得益彰，实现了数智化的融合，也进一步拓宽了数智化的领域。

基于此，本研究认为数智化是数字化与智能化的深度结合，数智化利用数字与智能技术（如大数据、人工智能、云计算、物联网等）构建一套具备自主决策能力的优化模型，通过数据与科技实现自主智能的问题解决方式。目的是推动农业现代化，提升农业生产效率，实现农业可持续发展和生态文明建设。数智化通过将互联网、大数据、云计算、区块链等新一代信息技术进行深度整合，能够对农业资源进行更合理的配置，提高资源利用效率，降低环境污染，引领农业走向更绿色、智能、高效的发展道路。在农业生产过程中，数智技术能够实现实时监测和智能调控，提高作物产量和品质，减少资源浪费。同时，数智化还能促进农业产业链的深度融合和拓展，推动农业产业化、品牌化和国际化进程。数智化赋能现代农业，为实现农业高质量发展奠定了坚实的基础，是推动中国式现代化农业发展的核心力量。

（2）什么是赋能

学界从不同角度对赋能（empowerment）的概念进行了辨析。有学者将赋能定义为一个过程，主要包括有尊严地参加社会活动和对自己生活各方面控制感增强。也有学者从两个维度定义赋能，既包含了过程和目标，同时又是主观体验和客观实践的体验。剑桥大辞典中对赋能一词的定义为，人们在掌握外界和追求目标时，获得权利和自由的一个过程。当前学术界对赋能的定义有两种，第一种是从管理角度来说，主要研究集中于心理赋能、结构赋能等方面，从本质上是授权赋能（delegation empowerment），是为了更好地解决组织中的各类问题。第二种是从技术角度来说，主要研究集中于人工智能、数字环境、数智化等方面，其本质是技术赋能，通过技术更好地发展组织或行业。当前通过大数据、人工智能、数智化等工具进行的技术赋能成为研究重点。因此，本文研究数智化赋能指的是，通过数字化与智能化技术实现河北省农业高质量发展这个目标提供的方法、手段。

2.1.2 农业高质量发展

2017年，党的十九大报告中首次明确提出"高质量发展"的概念，标志着中国经济已从高速增长模式向高质量发展模式转型。随着社会的发展，"高质量发展"的内涵也正不断演变，经济发展更聚焦于提高质量，体现了发展理念的重大转变与升级。同样，农业作为国家发展的根基，高质量发展在农业领域同样得到了充分贯彻，主要涵盖五个核心方面：第一是创新，创新在农业高质量发展进程中占据着首要动力的关键地位，它借助科技创新能力，对农业生产要素进行优化重组，革新传统生产方式，进而提高农业质量（王永昌与尹江燕，2019）。第二是协调，农业现代化建设与城镇化相协调，农业结构与人民需求相协调。第三是绿色，它指的是农业发展与自然和谐，目的是发展环境友好的绿色农业。第四是开放，它指利用外在市场优化农产品进出口，同时借鉴成功农业发展模式，提高本地农业发展。第五是共享，是指提高农村经济，促进农民收入分配。

农业是国民经济发展的基础，现代农业高质量发展是随着高质量发展战略提出之后，在国内各行各业追求高质量发展的大背景下应运而生。学术界目前对高质量发展的定义并未达成一致观点。许多学者基于不同的视角对高质量发展提出不同的定义、内涵。例如金碚（2018）和赵剑波等人（2019）从经济学的视角指出，高质量发展就是社会生产和消费的有用产品增加，使这些产品能够满足人民日益增长的需要。刘志彪（2018）基于新发展理念指出，高质量发展的关键特征在于其将创新作为推动发展的首要动力，把协调视作发展的内在属性，让绿色成为发展的普遍呈现形式，将开放当作发展的必然途径，以共享作为发展的根本追求。鲁钊阳和杜雨潼（2022）从农业角度提出，农业高质量发展涵盖了多个维度的全面进步，包括农产品品质的显著优化、农业生产效率的大幅提高、农民收入水平的稳步增长以及农村环境质量的持续改善。

因此，农业高质量发展，就是在保障农产品安全的前提下，采用现代化、科技化等方式，提高农业生产效率和农产品的质量，提升农业产业经济效益，以促进农业与农村经济的可持续发展。在中国加快建设农业强国的战略背景下，农业科技创新对推动农业高质量发展起着重要的作用。数智技术深度融入农业，为农业生产和管理模式的革新注入强大动力，驱动农业实现全方位的转型升级，从而提高农业生产效率，降低生产成本，提升农产品质量与安全，实现农业生产在智能管控、精准作业、集约经营以及可持续发展等多个方面的提高。这种农业生产方式被称为"智慧农业"，它既是农业的一部分，又是生产力的进步，同时也是配套生产关系的进步，符合新时代农业发展、新时代数字化发展以及社会主义现代化发展的要求（叶晓东等，2024）。

2.1.3 新质生产力

新质生产力的提出，是对马克思主义生产力理论的继承和发展，既继承了马克思主义生产力三要素的理论框架，又纳入了新一轮科技革命和产业变革、数字经济、数智技术等时代特征。

具体来讲，新质生产力是由技术革命性突破、生产要素创新性配置、产业深度转型升级而催生的当代先进生产力。它以劳动者、劳动资料、劳动对象及其优化组合的质变为基本内涵，以全要素生产率提升为核心标志。这种生产力形态不仅优化了传统生产流程，还开创了全新的价值创造模式，体现了高效性、创新性和可持续性的特征。

与传统生产力相比，新质生产力以科技创新为核心驱动力，通过技术革命性突破推动农业生产力的加速发展。这种创新驱动模式具有颠覆性，能够迅速改变传统的农业生产方式和格局。得益于科技革命和产业变革的加速推进，新质生产力的发展速度远超传统生产力，且更加注重提高全要素生产率，通过优化生产要素配置和产业升级，实现农业高效、绿色、可持续发展。这种高质量的发展模式符合新发展理念的要求（任保平等，2023）。

2.1.4 新发展理念

新发展理念是在深刻总结中国改革开放的宝贵经验，并科学评估国内外经济社会发展态势的基础上应运而生的。长期以来，我国坚持经济建设为核心，迅速积累了雄厚的物质基础，人力资本不断增长，经济发展模式也在快速转型。然而，经济社会发展中仍存在经济发展质量不高、城乡收入差距较大、生态环境恶化等一系列问题。为解决经济社会发展中存在的问题，2015年10月，习近平总书记在党的十八届五中全会上提出了"创新、协调、绿色、开放、共享"的新发展理念，为我国经济社会发展指明了方向，对提高农业高质量发展起到了关键的作用。

"创新"旨在解决发展动力问题。动力强劲才能保证经济高速、可持续发展。在农业发展中，创新的核心是技术更新、方法创新、农业生产效率和质量的提高。实现方式是通过采用先进的农业机械设备、引进优质的农作物品种、应用现代化的农业管理技术以及加强农业科技研发等。通过这些创新措施，推动农业发展升级，快速提升农产品的市场竞争力和影响力。

"协调"的主旨是通过解决发展中的不平衡问题，实现经济的可持续发展需求。协调发展目标是实现农业、农村、农民之间的和谐共生。这意味着在推进农业现代化的过程中，要注重解决农村发展中的不平衡问题，促进农民增收致富，缩小城乡差距。同时，应该高度重视农业与各产业间的协同发展，达到优势互补，互利共赢的美好前景。

"绿色"聚焦持续发展的问题，是经济发展的前提条件。在农业生产中，绿色发展是必然要求，要保护生态、绿色发展。通过控制化肥农药的使用，使农业生产绿色化，提高生态环境的保护措施。同时，在农业的抗旱减灾上，要加强农田水利建设，合理利用水资源，提高农业的抗风险能力。

"开放"旨在解决内外联动问题。开放发展要求农业领域积极融入全球化进程,紧密地与国际接轨。借鉴国外先进的农业生产技术和管理运作模式等方式,来提高我国农业的竞争力,积极应对各种竞争,提高国际市场影响力。

"共享"是中国特色社会主义的本质要求,也是中国共产党始终坚守的根本价值取向。共享发展强调的是农业发展的成果要惠及广大农民群众。政府通过加强对农业的支持,来改善农民的生活条件,提高农民的效益。此外,应注重农村基础设施建设,提供便捷的服务,让农民共享农业现代化的发展成果。

2.2 相关理论

2.2.1 数智化相关理论

数字智慧化和智慧数字化都是数智化的重要组成部分,二者相互依存、相互促进、共同发展,通过现代信息技术,实现对数据的深度挖掘和智能运用,从而使企业或组织发挥出更大的价值。

(1) 数据是数字智慧化的基础

数字智慧化是指,通过传感器、物联网等技术手段收集大量的数据,并进行清洗、整合、存储和处理,为后续的分析和决策提供相应的管理和服务。在数据收集的基础上,利用大数据、人工智能等技术对数据进行深入的分析和挖掘,发掘数据中的价值信息,并基于数据分析的结果,利用机器学习、深度学习等技术进行智能决策和优化。由此可见,数据的准确性、完整性和时效性对于数智化分析至关重要。高质量的数据能够提供更可靠的分析结果,为企业或组织的决策提供支持。在应用场景方面,数字智慧化广泛应用于生活、医疗、体育、农业等领域,如智慧城市、智慧医疗、智慧教育等，不仅提高了人们的生活质量和工作效率，还推动了社会的数字化转型和智能化发展。

（2）数字化是智慧数字化的基础

智慧数字化是将模拟信息转换为数字信息的过程，通过采样、量化、编码等技术步骤，将声音、图像、文字等传统媒体内容转化为计算机能够识别、处理和存储的数字格式。数字化的核心在于信息的标准化和可计算性，它使得信息能够跨越时间和空间的限制，实现高效、准确地传递和存储。在数字化的基础上，智慧数字化利用现代信息技术手段对信息资源进行开发、利用和管理以实现数字化，从而促进信息的有效传递、共享和利用，实现信息资源的整合与价值挖掘，最终将信息智能化智慧化，识别用户意图，提供个性化服务，并具备自我学习和优化的能力。

（3）农业数智化是数智化的重要应用领域

农业数智化以大数据为基础，通过对海量农业数据的收集、整理、分析和挖掘，为农业生产提供科学决策依据。其中，这些数据包括土壤、气候、作物生长等方面的农业信息，以及市场需求、价格波动等外部因素。从影响效果来看，一方面，农业数智化运用物联网、人工智能等数字技术深入挖掘农业数据，从而提高农业生产力，降低生产成本，实现农业生产全过程的自动化、智能化和精准化。同时，农业数智化还更加注重绿色发展理念，通过优化农业生产布局、调整产业结构、推广绿色生产方式等手段，实现农业生产与生态环境的和谐共生。另一方面，农业数智化推动了农业服务由传统的经验主义向数据驱动、科技支撑的方向转变，提供了更加精准、高效的农业信息服务。与传统农业服务相比，农业数智化更加注重技术融合创新，推动农业与信息技术、人工智能等领域的融合发展，促进了农业产业链各环节的信息共享、资源整合和协同发展，提高农业产业链的整体竞争力。

数智化理论正处于一个不断演进与深化的阶段，其内涵与外延不断拓展，推动各行各业进行前所未有的技术革新与要素重组。数字智慧化与智能数字化的双向融合，不仅标志着信息技术向更高层次迈进，更引领了一场深刻的技术革命，这场革命触及了生产方式的根本，重塑了产业生态。随着数智化理论的不断发展与丰富，其在农业领域的应用前景将更加广阔，为推动农业现代化进程、实现农业高质量发展贡献更大力量。也为研究农业数智化变革，促进农业高质量发展提供了坚实的理论支撑。

2.2.2 农业高质量发展相关理论

农业高质量发展理论包含舒尔茨农业发展理论和梅勒农业发展阶段理论，如图 2-1 所示。

舒尔茨农业发展理论认为发展中国家想要摆脱贫困只有加强农业研究、加强人力投入并建立良好的制度，才能从根本上解决发展中国家贫困的问题。他认为农业的发展会让各类农产品大幅度增产，同时产品更加多样，生产更加高效。他认为，人力投资在农业中非常重要，先进的技术需要高素质的农业人才才能进行，两者互相结合，才能发展好农业。舒尔茨认为在加大教育投资，培养高素质人才的同时，还应该制定适当的制度体系，实现农业高效率、高收益，调动农民的积极性，让农业高质量发展可持续。

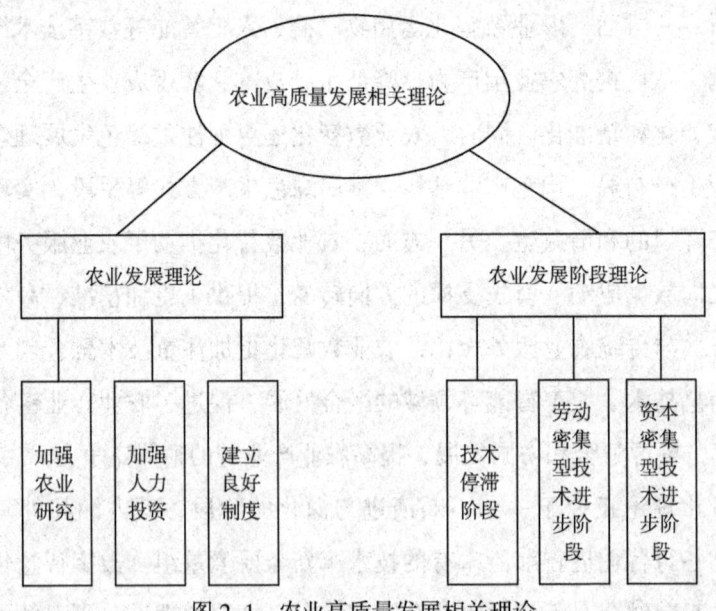

图 2-1 农业高质量发展相关理论

约翰·梅勒针对发展中国家农业的进化路径，提出了农业发展阶段理论，又称资源互补理论。该理论深入剖析了农业发展过程中的各个阶段及其发展策略。传统农业会经历技术停滞、劳动密集型技术进步和资本密集型技术进步三个阶段。在技术停滞阶段，农业发展呈现出非常传统的特征，技术水平极为落后。农民主要依赖原始的生产手段进行农产品生产，农业发展不依靠技术进步。这一阶段的农业增长主要依赖于生产要素的不断积累，如土地和劳动力等资源的增加。在劳动密集型技术进步阶段，劳动资源相对于资本资源更为充裕。在这一阶段，农业依然占据首要地位，随着人口和收入的增加，人们对农产品的需求也不断上升。工业发展受到资本短缺的限制，但其资本回报率却在不断提高。农场规模受到人口和经济发展的制约，尽管农用机械能够节省人力物力，但由于资本相对于劳动力过于稀缺，导致农机的使用受到限制。这一阶段，农业生产效率的提升主要依赖于大量的劳动力和资本稀缺型的创新。与技术停滞阶段相比，资本密集型技术进步阶段则呈现出动态发展的特征。在这一阶段，农业发展不再依赖人口红利来积累财富，农业也不再是经济发展的首要部门，而是转变为一个基础部门。此时，资本相对充裕，劳动力成本开始逐渐上升，与第二阶段劳动力供给充足且价格低廉的情况形成鲜明对比。随着资本的积累和技术的进步，大型农用机械和生物技术的应用将大幅提升劳动力的生产率，并推动农业规模的进一步扩大。这一阶段标志着农业向现代化的迈进。

当前，随着数字化与智能化对农业的影响，对农业高质量发展的研究普遍认为，农业高质量发展是建设现代化农业的关键，高质量发展是创新、协调、绿色、开放、共享的新发展理念的集中体现，强调发展的质量和效益，追求经济、社会、环境的全面协调可持续发展（魏文刚等，2024）。在农业领域，高质量发展要求实现农业生产的优质、高效、安全和可控，推动现代农业的转型升级和可持续发展。

随着科技的不断进步和农业生产的不断深化，智慧农业将在农业高质量发展中发挥更加重要的作用。智慧农业通过应用现代信息技术和智能装备，在广泛感知、采集、生产、经营及生态等数据后，基于新型数智技术实现对农业生产智能决策、精确管理，加快了农业商业模式的转型升级，赋能农业高质量发展强大动力。在农业产业链中，智慧农业通过对生产要素数据的实时监测和调控，将整个产业链中生产。管理、市场等各个环节连接成为有机的整体，提高了产业链的韧性。具体来讲，在生产环节方面，智慧农业通过物联网技术收集大量的农业生产数据，如土壤、水质、气象等，同时利用云计算、区块链以及大数据分析技术对农业生产全过程进行精准监测、管理和预测，实现农业生产管理的可视化、可控化和智能化，同时智慧农业通过精准控制化肥农药使用量、节水高效灌溉的绿色控制方式，减少生产中的环境污染和资源浪费，实现绿色可持续的快速发展；在农田环境方面，智慧农业采用先进的设备和传感器，对农作物进行实时监测和控制，对农田环境进行高精度监测，这些设备不仅可以自动执行任务，还可以对作物生长过程进行快速响应和精细化管理，避免传统农业中的浪费和环境污染；在采集管理方面，智慧农业通过 AI 技术，可以实现精准种植、智能灌溉、病虫害预测与防治等，提高农作物产量和品质，同时降低种植成本和采集管理成本；在产品销售方面，智慧农业通过构建开放的信息平台和数据资源，促进农业信息的交流和共享，提高农产品的透明度和可追溯性，为农产品销售提供有力保障。由此可见，智慧农业是驱动农业产业转型升级和高质量发展的必然路径。

智慧农业与高质量发展理论之间存在着紧密的联系和契合点。智慧农业的发展驱动农业生产高效、绿色和安全等，对现代化农业转型升级和可持续发展起到关键作用。此外，智慧农业的发展也会促进农村的经济发展，是实现乡村振兴和全面建设社会主义现代化国家的有力保障。

2.2.3 新质生产力相关理论

生产力是马克思主义政治经济学中最为核心的概念之一，它与生产关系原理共同构成了马克思主义政治经济学研究的基石。马克思在著作《哲学贫困》中明确指出，机器、物质条件以及革命阶级本身都是生产力的体现❶。生产力并非外在于人的物质存在，而是人的本质力量的一种体现。通过生产或劳动，人们能够唤醒并发挥自身潜在的生产能力，以满足自身的存在、延续和发展的需求❷。因此，生产力是随着人的发展而不断进步的，它是人们认知和改造自然的能力，需要通过人的生产或劳动来展现❸。生产力主要由劳动者、劳动对象和劳动资料三个核心要素构成。社会进步的根本动力源自生产力与生产关系的相互作用，这是马克思历史唯物主义的核心观点。在不同历史阶段，生产力的实际发展水平必须与特定的生产关系相匹配，才能有效推动社会的进步与发展。这一原理揭示了生产力与生产关系之间的相互作用，即生产力作为社会发展的根本动力，决定了生产关系的形态；而生产关系，作为社会结构中的基础层面，又反作用于生产力，对其发展产生影响。

社会进步的根本动力源自生产力与生产关系的相互作用，这是马克思历史唯物主义的核心观点。在不同历史阶段，生产力的实际发展水平必须与特定的生产关系相匹配，才能有效推动社会的进步与发展。这一原理说明了生产力发挥着决定性作用，而生产关系则对生产力产生反作用的紧密关联和相互作用关系。马克思通过"手推磨"与"蒸汽磨"的比喻，形象地阐述了生产力发展的不同阶段及其对生产关系的影响。随着生产力的不断发展，旧有的生产关系可能会成为限制生产力进一步提升的障碍。因此，适时地调整与变革生产关系来适应生产力的发展需要，成为历史发展的必然趋势。

2023年9月，习近平总书记在黑龙江考察调研时首次提到了"新质生产力"这一重要概念，指出新质生产力代表了先进生产力的前进方向，对劳动者、劳动资料、劳动对象都提出更高要求。就劳动者而言，新质生产力要求新型劳动者具备高技能、能够驾驭复杂技术系统、具备持续学习能力和

---

❶ 卡尔·马克思，弗里德里希·恩格斯：《马克思恩格斯全集》第四卷）[M]. 北京：人民出版社，1958：71–198.

❷ 王复三，曹维源：《生产力因素研究与开发》[M]. 济南：山东人民出版社，1989：40–41.

❸ 卡尔·马克思：《资本论》（第1卷）[M]. 北京：人民出版社，1975：202.

创新思维，能够熟练使用人工智能辅助设计系统、自动化生产线、智能物流机器人等新型劳动工具。随着第三次科技革命的到来，人类开始进入数智化时代，大数据、人工智能、物联网等新型劳动工具出现。因此，新质生产力中的劳动资料呈现出数字化、智能化、绿色化等特点。从生产对象的角度观察，新形态生产力的形成显著拓宽了劳动对象的范畴。新材料、新能源及各类新兴生产要素融入社会生产流程，逐渐取代传统资源，在生产实践中扮演着愈发关键的角色。一是发展新质生产力需要与之匹配的新型劳动者，他们具备高技能、能够驾驭复杂技术系统、具备持续学习能力和创新思维。二是需要与之匹配的新型劳动工具，包括人工智能辅助设计系统、自动化生产线、智能物流机器人等，这些新型生产工具极大地提高了生产效率和作业安全性。三是新质生产力的发展要求与之相适应的生产关系，包括产权关系、分配关系、交换关系等。这些关系的调整和优化有助于推动新质生产力的进一步发展。

就劳动者构成而言，各层级人才的素质亟须实现质的飞跃。那些能够驱动新形态生产力持续迈进的战略性人才将在科技领域开创性地贡献力量，尤其是以众多大国工匠和精湛技艺者为代表的高技能实用型人才，成为新形态生产力发展的坚实后盾。这一生产力的进化要求劳动者队伍在知识积累与技能精进上实现从量到质的根本性转变。

因此，新质生产力是由技术革命性突破、生产要素创新性配置、产业深度转型升级而催生的当代先进生产力，它以劳动者、劳动资料、劳动对象及其优化组合的质变为基本内涵，以全要素生产率提升为核心标志。在农业领域，新质生产力同样强调这些要素的优化与变革，旨在推动农业的高质量发展。农业新质生产力依赖于现代科技，如生物技术、信息技术、智能装备等，这些技术的应用显著提升了农业生产的效率和品质。新质生产力的提出和实践对于推动农业高质量发展具有重要意义。它不仅能够提高生产效率、降低成本、优化资源配置，还能够推动农业转型升级、促进经济多元化发展。同时，新质生产力的发展还有助于提升国家整体创新能力和竞争力，为构建新发展格局和实现经济持续健康发展提供有力支撑。

2.2.4 可持续发展理念相关理论

可持续发展战略旨在确保当前人类需求得以满足的同时，不削弱后代满足其需求的能力（王丹雅等，2024）。其核心在公平、持久、协同的原则，强调在推动经济发展的进程中，必须审慎考量资源与环境的耐受限度，力求实现跨代际及全球范围内的公平性。这一战略要求所有国家均应采取行动，共同守护自然生态与人类的生存环境。可持续发展理念源自对传统粗放型经济增长模式的深刻反思。第二次世界大战结束后，各国急于快速提振经济，普遍采取了高消耗、高排放的粗放型发展模式，这一模式对自然环境和资源构成了巨大压力，环境问题凸显。1962年，美国学者瑞秋·卡森在《寂静的春天》一书中深刻表达了对人类生存环境的深切忧虑，这一作品也成为可持续发展理论萌芽的重要催化剂。1972年，以美国学者丹尼斯·梅多斯为代表的研究团队发布了研究报告《增长的极限》。该报告明确指出，人类发展应首先考虑生存问题，即如何与自然和谐共生，而非单纯追求经济数据的增长（梅多斯等，1984）。报告中关于人类生态足迹影响因子的分析结果震惊全球。分析结果称，如果继续沿用当前的发展模式，人类社会的经济和人口增长将在未来几十年内达到极限。该报告提出了可持续增长的概念，这标志着可持续发展理念开始逐步成为世界各国及组织关注的话题。随后，在1987年，联合国世界环境与发展委员会在《我们共同的未来》报告中，科学地界定了可持续发展的理念和内涵，即在满足当代人需求的同时，不损害后代人满足其需求的能力。从可持续发展的核心理念来看，它强调的是发展的可持续性，致力于实现一种兼顾全面性、协调性、高效性、公正性以及多维性的发展路径。

自20世纪90年代以来，人们对可持续发展理论的研究不断深入，该理论被广泛应用于研究区域经济与环境之间的关系。由于资源开采和加工效率低下，一些资源丰富地区的经济增长速度反而落后于资源匮乏地区，陷入了所谓的资源陷阱。因此，可持续发展理论从转变经济发展方式的角度出发，为解决环境和生态问题提供了新思路。农业是全球经济和社会发展的重要产业，而可持续发展能够在很大程度上解决资源配置不均衡和资源不充分等问题，所以农业可持续发展是可持续发展理念的重要组成部分。

农业可持续发展是指以满足人口需求为根本目标，兼顾经济、社会和生态效益的一种农业发展模式。它强调在农业生产过程中，通过提高资源的合理利用，保障农民生活质量和效益，加强区域和全球的可持续发展。农业可持续发展必须在生态系统整体框架下进行。农业生产应该与自然环境相协调，尊重生态系统的自发性和稳定性。通过保护农田生态系统，促进资源的循环利用，实现农业生态系统的健康和稳定。在农业可持续发展的过程中，农业现代化是实现高产、高效和生态友好的关键。通过技术创新、科学管理和推广先进农业生产方式，提高农作物和畜禽养殖的产量和品质，同时减少资源和能源的消耗。农业可持续发展必须以生态为基础，实现农业生态系统的健康和稳定。农业生态化要求提高农作物和畜禽养殖的生态适应性，保护和恢复生物多样性，减少农药和化肥对环境的污染。农业可持续发展要求人们最大化地利用和保护土地、水资源和能源。通过科学管理土壤和水资源，提高资源的利用效率；发展可再生能源和节能技术，减少对非可再生能源的依赖。

农业可持续发展要以农民为中心，充分发挥农民在农业发展中的主体作用。要提高农民的参与意识，提升农民的科学素养和技能水平，改善农民的生产生活条件，增强他们的自主性和发展动力。

生态农业的发展是实现农业可持续性的关键路径。它涉及优化农业产业结构，推广先进的生态农业技术，从而提升农产品的品质与安全性。

与此同时，农业科技创新构成了推动农业可持续发展的核心驱动力。强化农业科技的研究与开发，并加速其推广应用，可以有效提高农业生产效率与资源使用效率，降低生产成本，进而增强农产品在市场上的竞争力，推动农村经济的发展和繁荣，提高农民的收入水平和生活质量。

2.3 数智化与农业高质量发展关系的研究

在传统农业发展的基础上，数字技术为中国农业经济发展提供了一条新型的高质量发展之路，也成为目前学术界研究的热点话题。根据中国知网搜索与本研究相关的关键字，如数字农业、智慧农业、农业数字化等，2010年—2024年共有9 481篇相关学术文献，且数量逐年递增，如图2-2所示。

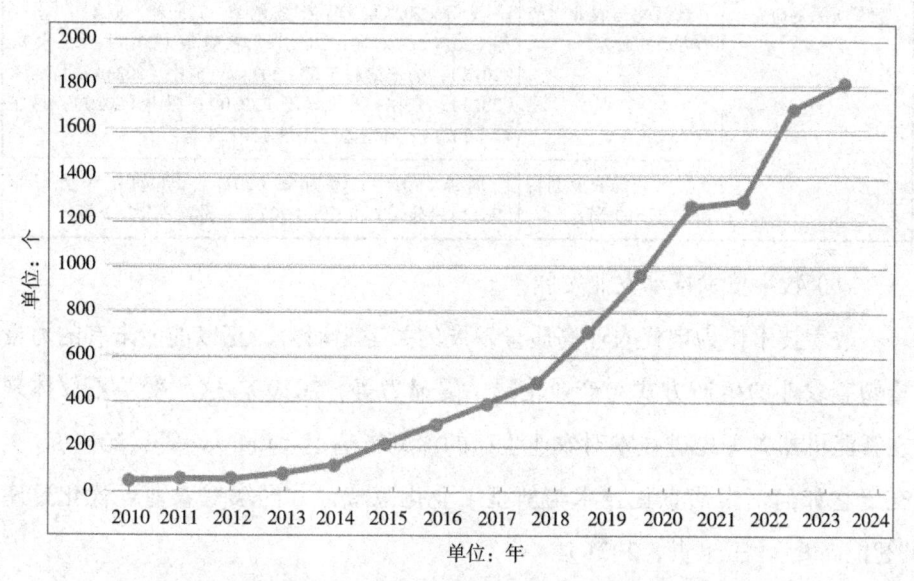

图2-2 2010—2024与数智化农业相关研究年度发文量

数字经济时代，以大数据和人工智能为代表的新型数字技术是影响农业高质量发展的重要影响因素。由于高质量发展理论提出时间较短，农业高质量发展更是处于探索阶段，学界对数智化与农业高质量发展的关系研究相对匮乏。现有研究更多聚焦于数字技术与农业高质量发展的关系且绝大多数是全国层面的农业高质量发展，关于省级层面的数智化与农业高质量发展的研究较少，因此，本部分主要对这类文献进行整理与分类，并对之后的数智化与农业高质量发展的衡量与研究奠定了基础。通过整理数智化与农业高质量发展的相关文献，我们发现，当前大多数研究从不同的角度证实数智化能够显著促进农业高质量发展。具体相关文献逻辑结构如表 2-1 所示。

表 2-1 数智化与农业高质量发展关系的相关文献

研究主题	研究内容	代表性文献作者
数智化与农业高质量发展关系的研究	数字技术影响农业高质量发展方面的研究	殷浩栋等（2020）；黄迈和马九杰（2019）；魏伟新等（2022）；张炳旭（2023）；刘晓倩和韩青（2018）；胡伦和陆迁（2019）；齐文浩和张越杰（2021）；王静田和付晓东（2020）；赵敏婷和陈丹（2021）；朱杰（2023）等
	数智化与农业生产力方面的研究	张志新等（2022）；Nambisan 等（2019）；郭海红（2019）；侯美樾和张东祥（2024）；张成钢和辛茜莉（2022）；Lee 等（2009）；Güler 等（2019）；赵君旸和费宇（2024）；朱晓飞等（2024）；玛依努尔和马继越（2024）；Aghion 等（2017）；刘帅（2021）；李瑾（2015）；郭永田（2016）；杨守德和于堃（2023）；胡杰（2023）；马维孝（2023）；张在一和毛学峰（2020）；谢琳（2020）；易加斌（2021）；孙继国与孙尧（2022）等
	数智化与农业创新模式方面的研究	周锦（2021）；易加斌（2021）；郭朝先和苗雨菲（2023）；孙久文和张翱（2023）；孙霏（2024）等

（1）数字技术推动农业发展

数字技术作为现代农业高质量发展的关键驱动力，正以前所未有的力量重塑着农业的生产方式与产业格局（夏显力等，2019）。这一变革不仅体现在智能机器人等先进技术对农业生产的深刻影响上（Rahwan 等，2019），更在于它如何汇聚信息化技术与新型工业化范式，共同攀登农业现代化这座"智能高峰"（王永贵，2021）。

具体来讲，国内外学者主要从理论和实证两个角度研究数字技术对产业自身生产力的影响。

从理论角度来看，Nambisan 等（2019）基于产业自身的视角出发，系统阐述了信息产业与其他产业间存在的联动效应与溢出效应，并深入探讨了这些效应在要素投入维度上的具体表现，并指出数字技术的广泛应用将会引发"关键生产要素"的根本性变革，这一变革不仅深刻影响着生产方式和生产力，而且促使商业逻辑发生重塑。中国学者郭海红（2019）提出类似观点，将数字技术应用于农业生产领域，有利于推动农业生产要素和生产力发展，促进不同产业间深度融合,进而催生农业生产性服务的新业态。侯美樾和张东祥(2024)也指出,数字技术能够释放传统生产要素,实现对生产要素的精准配置和高效利用,推动了传统产业的数字化转型。

从实证角度来看,早在2009年,Lee等(2009)基于宏观视角发现数字技术推动了生产力的进步,从而促使产业结构升级。此后,Güler等(2019)基于微观视角,通过构建数字技术发展水平的评价模型,发现数字技术在与其他产业的深度融合过程中,能够创新企业的业务模式,催生新的生产资料和劳动工具,实现产业结构升级。而赵君旸和费宇(2024)在此基础上提出,通过应用数字技术能够实现产业升级,从而对新质生产力产生积极作用。朱晓飞等(2024)以中国省份面板数据为样本,通过实证研究发现,随着数字技术应用的程度加大,第三产业相对于第二产业的产值比重增大。这一发现不仅揭示了作为生产力的关键劳动工具数字技术,在促进产业间资源重新配置方面的重要作用,而且为产业升级提供了新的增长点和发展方向。

在此基础上,玛依努尔和马继越(2024)深入探究了数字技术对中国产业结构升级的驱动机制。研究表明,数字技术促进中国产业结构转型升级主要通过两大途径,即挖掘人力资本潜力和提高科技创新效率,但该影响效应在中国中西部地区表现相对较弱。此外,从农业生产率方面来看,不同时期的学者对数字技术赋能农业生产率的影响效果持不同观点。早在1986年,Baily便已提出信息化未必能促进生产率提升的观点。Solow(1987)将此现象命名为"生产率悖论"。经过多年发展,Aghion等(2017)在其研究中阐述了数字技术对于生产率的推动作用存在滞后效应,即数字技术需要经历较长时间的发展才能显著促进生产率的实质性增长。无独有偶,中国学者刘帅(2021)基于中国省级面板数据进行实证检验,提出中国农业领域不存在"生产率悖论",即农业信息化能够提高农业全要素生产率。李瑾等(2015)针对美国与荷兰等农业发达国家进行了深入研究,据此提出中国应当采纳以物联网为核心的数字技术,对农业生产进行精准管理与调控,合理调整农业生产布局,推行"精确农业"生产模式,进而有效提升农业生产效率。郭永田（2016）深入剖析了澳大利亚将信息技术引入现代农业发展领域的举措和经验，进一步提出数字技术能够优化农业生产要素配置，促进农业生产力的稳步提升。杨守德和于堃（2023）提出，通过数字化技术对农业全产业链进行赋能，可以显著减少农业生产成本并提高生产效率，进而驱动农业产业生产力的快速发展。从劳动资料来看，数字技术在农业生产经营中带来了决策科学性、信息完整性和资本聚集性等诸多便利条件，从而能够释放出数据的潜在价值。

首先，在决策科学性上，胡杰（2023）指出，企业通过数字技术，能够实时采集大量数据，并依托先进的分析工具充分挖掘数据的潜在价值，从而更好地了解市场趋势、客户需求和内部运营状况，进而丰富了企业生产经营管理所面临的劳动资料。马维孝（2023）提出，大数据作为数字技术的核心代表，通过与现代农业深度融合与协同发展，能够产生涵盖土壤质量、气象变化、作物生长、农产品销售等多方面的海量农业数据，从而构建一个庞大且复杂的农业数据网络，为现代农业的日常经营过程提供强大的"数智力量"，进而释放多种全新的生产要素。

其次，在信息完整性上，张在一和毛学峰（2020）认为，"互联网+"模式提高了信息的透明度和流动性，从而增强了农业成本管理的精细度与透明度，驱动农业向服务化的发展模式转变，进而对农业现代化进程产生了积极的促进作用。谢琳（2020）认为，传统农业发展模式借助数字化、智能化及数据化时代所带来的优势，将数字普惠金融与农业可持续发展进行有效融合，有利于降低农业企业的融资成本，从而促进农业高质量发展。易加斌（2021）等基于创新生态理论进行深入分析，发现数字技术促进了信息的流动性和完整性，提高了农业生产要素的集约化程度，优化了资源配置，从根本上促进了农业产业向更高质量发展阶段的转型升级。

最后，在资本聚集性上，数字技术能有效解决数字普惠金融在促进农业经济发展过程中遇到的实际难题。孙继国与孙尧（2022）采用实证研究，发现金融科技应用数字技术能够通过缓解农村融资约束问题，推进农地流转，提升农业技术创新水平以促进乡村产业振兴。

但是,也有学者(张成钢和辛茜莉,2022)认为,虽然数字技术为新型商业模式发展奠定了强大的生产力,然而当前阶段数字技术成熟度不足且企业应用数字技术不充分,致使目前企业数字化转型处于初级阶段。

(2)数字技术为农业生产力赋能

首先,从生产领域来看,数字技术赋能农业生产使得产前、产中与产后愈加数字化和智能化。在生产环节,通过智能算法实时整合全国农业生产和产品库存等数据,并通过大数据技术进行动态评估与优化决策,从而助力生产决策者全面了解农产品供需状况,进而从根本上解决农业周期性难题(殷浩栋等,2020)。在生产环节,利用卫星遥感、地面传感等物联网技术,结合大数据与云计算等开展精准化的土壤监测、智慧化的种植养殖管理、精细化的病虫防治监控、标准化的水资源管理以及产量预估,以此让农业生产过程向数字化、智能化转型,从而确保农产品的高产、高效和高质量。在生产产后环节,采用自动化设备对农产品进行清洗筛选,并借助大数据与物联网技术实时监控保鲜剂、防腐剂等物质的剂量,实现及时预警反馈。同时,运用大数据冷链与智能温控系统,满足消费者对农产品保鲜的需求和消灭食品安全问题。

其次,从生产流通领域来看,数字技术通过赋能农业资本的周转,加快农产品的流通。大数据智能算法驱动的电商平台的兴起,对农业发展产生了深远的影响。农民依托电商平台推进了农产品的品牌建设,转变了传统农业发展方式,并拓宽了农民获取信息的渠道,促进了小农户与大生产市场之间农产品的流通,有效缓解了农产品产销信息不对称问题(魏伟新等,2022)。同时,人工智能、智能算法、机器学习技术、物联网设备等数字化物流管理技术能够优化农产品物流路线和调度,实现对农产品物流的实时追踪与监控,从而提升运输效率,为农产品企业和消费者提供更高效、准确的服务体验(张炳旭,2023)。

再次,从分配领域来看,数字技术从农民收入和乡村经济发展两个角度赋能农业经济收入。在提高农民收入方面，新型数字技术可以降低农民的信息搜索成本，提高农业生产管理效率，拓宽农产品销售渠道，并且数字技术的应用可以促进知识溢出效应，增强农民的知识和技能。同时，数字技术的发展可以增加部分非农就业渠道，保障农民收入来源的稳定性。例如，数字化交易不仅为"零工经济"创造了有利条件，还促使服务业等产业链的深化拓展，从而为广大农民提供更为丰富的就业途径，数字普惠金融为乡镇企业提供了更便利的金融服务，这些企业的发展增加了用工需求，带动了本地农民就业；互联网平台为乡村旅游提供了便利，农民可以利用自家的民宿和特产吸引游客，增加收入来源。也有部分学者对此采用实证方法进行了分析研究。刘晓倩和韩青（2018）指出，互联网使用者比未使用者的年收入平均高出 3911.63 元。在此基础上，胡伦和陆迁（2019）以中国某贫困地区的 793 户农户为研究对象，发现使用互联网等信息技术能够增强农户的增收效果，且该增收效果存在异质性。在促进乡村经济发展方面，通过应用大数据、电子商务、电子政务等数字技术，能够创新农村经济发展模式，提高农业生产率，推动农业可持续发展，从而实现农村经济的高质量发展（齐文浩，张越杰，2021）。而农村经济实现高质量发展，能够完善农村基础设施、医疗服务、教育水平、生态环境等方面的资金投入，使得农民生活质量和幸福感逐渐提升（王静田，付晓东，2020）。

  最后，从消费领域来看，数字技术对农业领域消费需求的影响具有其独特性，能够满足消费者的长尾需求、差异化品牌需求、品质化需求和个性化需求等。具体表现为三方面。一是数字技术的广泛应用能够在一定程度上缓解农村地区面临的地理位置偏远、交通流量有限及市场体系不健全等传统不利条件，农村居民能够依托数字科技有效整合并利用当地资源、地理区位等优势，有效跨越城乡之间因地理因素而发展不平衡的障碍。在此过程中，农村居民得以与市场建立直接联系，通过涉足开发与运营乡村旅游民宿，线上推广特色农产品以及直播乡土风情等数字经济活动，精准满足以往农业市场易忽视的"长尾需求"，从而实现农业经济的现代化发展。二是物联网、大数据、云计算等数字技术与农产品相结合，可以有效解决传统农业发展面临的生产低效、资源浪费、环境污染等负面问题，推动农业品牌向产业生态化方向发展。此外，这些数字技术的应用还可以促进农业生产流程的标准化，为农产品质量的提升与控制提供坚实的技术支撑，从而更好地适应并满足消费者品质化的消费需求（赵敏婷和陈丹，2021）。三是数字技术催生了农业的非生产自然属性，使得农产品具有"原生态""文化品牌性""绿色有机化"等特点，能够满足消费者对生态、文化、健康等方面的需求，进而在国际竞争中更具优势（朱杰，2023）。

（3）数智化促进农村商业模式创新

周锦（2021）认为，数字技术能够优化农村产业结构，促进乡村商业模式创新，构建乡村多产业协同发展和生态创新体系，从而实现农业可持续发展。易加斌（2021）等提出，以大数据为代表的数字技术由于具有数据同质化和可重新编程性等特点，能够改进产品设计、改善组织结构和业务流程及创新商业模式，并降低企业的生产管理成本。郭朝先和苗雨菲（2023）指出，数字技术拓展了农村产业生产的可能性边界，减少了生产成本和交易成本。他还强调，数字技术不仅在纵向上对农业产业链进行了深度赋能，降低了企业间的交易成本，提高了产业链整体韧性，而且在横向上也促进了农业与其他产业，如旅游、文化、教育、康养等产业的融合发展，这一过程催生了众多新兴产业与商业模式，为乡村产业的转型升级注入了强劲动力。孙久文和张翱（2023）提出智慧农业是数字技术赋能农业领域的重要应用场景，智慧农业的精细化、智能化和集约化发展，能够打破时间和空间的限制，降低地理和信息因素对农业发展的影响，从而提升数智化成本管控的精准度与有效性，促使传统小农经济管理模式转型升级为农业高质量发展模式，助力乡村振兴战略的实现。孙霏（2024）等认为商业模式创新是推动农业高质量发展的重要引擎，并提出政府应采取一系列策略性举措，例如构建数字农业生态系统，打造数字化的农业产业平台，培育新型的农业经营主体等，以充分发挥数字技术和数据要素的潜能与优势，推动创新农业企业的商业模式，从而开启农业高质量发展的新篇章。

2.4 文献评述

梳理当前学术界关于数字化智能化对农业发展影响的相关研究，为指导中国农业高质量发展提供了参考，也为研究数字技术赋能河北省农业高质量发展奠定了理论基础。以大数据、人工智能、物联网为主要内容的数字技术已经逐渐成为推动农业生产、流通、分配及消费各关键环节发展的关键生产力，促使中国农业生产实现高产、高效、高质量、高效益。同样，数字技术与农业融合发展对现代农业生产力产生了积极影响，并催生新型商业模式，进而促进中国农业高质量发展。

国内外学者深入探讨了数字技术与农业高质量发展之间的关联性，但该领域的研究尚存若干待完善之处。

第一，现有文献鲜有从马克思主义政治经济学理论框架及新质生产力的角度出发，系统剖析数智化转型促进中国农业高质量发展的内在机理。

第二，该议题实证研究尚显匮乏，鲜有学者能从数据层面为数智技术驱动中国农业迈向高质量发展道路进行实证检验，学术界已广泛运用多种量化方法，如熵值法、聚类分析法等，对现代农业高质量发展的综合状况进行了全面而深入的测评。熵值法作为一种有效的信息度量工具，能够客观反映各项指标的信息熵值，进而评估其在整体系统中的重要性。然而，这一方法在处理指标间的相关性方面存在局限性，尤其是在探讨数智化与现代农业高质量发展指标间的复杂关系时，指标间的信息重叠与相互影响不容忽视，这对于准确捕捉数智化对农业高质量发展的实际贡献构成了挑战。

第三，大多文献对于构建数字技术和农业高质量发展指标体系尚未达成一致，指标体系的建立仍有待完善。

第四，研究视角单一化，例如研究数字技术对全国农业再生产环节、农业生产力、商业模式创新等，在对策探讨层面，尽管数据治理与驱动、数智技术创新等手段被广泛认为是推动农业高质量发展的关键路径，但针对不同地域的特定情境，这些对策的实施细节与效果差异显著。

因此，本章从马克思主义政治经济学理论和新质生产力的角度出发，构建了数智化赋能河北省农业高质量发展的理论框架，深入探讨了数字化智能化如何赋能并影响河北省农业经济发展的实际效果及其内在机理，探索出一条可行的农业高质量发展路径，同时为推动我国农业现代化转型及乡村振兴提供一个区域借鉴。

2.5 本章小结

本章基于舒尔茨农业发展理论、约翰·梅勒的农业发展阶段理论（资源互补论）、高质量发展理论、数智化理论以及智慧农业与农业高质量发展的紧密联系，构建了"数智技术—赋能农业生产与管理体系—农业高质量发展"的理论分析框架，首先介绍了数智化与赋能、农业高质量发展以及新质生产力的概念，然后针对数字化对农业生产力的影响进行了阐述，并对数智化与农业创新模式的相关研究进行了简要概述。

大数据、人工智能、物联网等数智技术可以助力农业实现生产力飞跃发展和生产效率显著提升。这些技术不仅可以优化农业生产流程，提高农产品的质量和产量，还可以推动农业现代化和智能化经营。数智技术可以使农业生产更加精准、高效，促进农业产业的纵向延伸和横向延展，从而加速数智化融入现代农业生产与管理体系的进程，为实现农业高质量发展奠定坚实基础。

从数智化管理层面来看，这一进程本质上是一个"整合—优化—提升"的过程。其一，"整合"体现在数智技术将农业生产、管理、市场、研发创新等各个环节紧密连接，形成一个有机的整体：物联网技术可以收集农业生产数据，云计算、大数据分析技术可以对农业生产全过程进行精准监测、管理和预测，实现农业生产管理的可视化、可控化和智能化。其二，"优化"

体现在数智化管理能够精准配置和高效利用生产要素，推动传统农业向现代农业转型。智慧农业通过精细化、智能化和集约化的生产管理模式，能够打破时间和空间限制，降低地理和信息因素对农业发展的影响，从而提升数智化成本管控的精准度与有效性，促使传统农业转型升级为可持续发展的现代化农业。其三，"提升"体现在数智化管理不仅提高了农业生产效率和质量，还通过构建开放的信息平台和数据资源，促进农业信息的交流和共享，提高农产品生产的透明度和可追溯性，为农产品销售提供有力保障，进而提升农业产业的整体竞争力。

第3章 数智化赋能农业高质量发展的机理分析

随着信息技术的持续革新，数智化变革正逐渐成为推动现代农业实现高质量发展的关键因素。本章从四个方面来阐述这一观点。其一，聚焦于数智技术与农业高质量发展的内在联系，探讨数智技术通过优化资源配置、优化农业体系、培养新型农业经营体系等路径，为现代农业注入强劲的发展动力。其二，深入剖析数字新质生产力与农业高质量发展的互动机制，揭示数智化如何作为新质生产力形态，推动农业产业结构的改良提升，促进生产经营模式的创新与变革。其三，探索数智化农业创新平台对农业高质量发展的作用，数智化对农业供应链的优化借助现代信息技术和智能管理系统，实现了农产品从生产到消费全链条的透明化、高效化和智能化管理。其四，分析数智化成本管控与农业高质量发展的关系。

3.1 数智技术对河北农业发展的重要性

随着科技的飞速发展，数智技术正在深刻地改变着各行各业，农业也不例外。传统农业正在逐步改变其生产方式、经营模式和产业结构。大数据、物联网、人工智能等前沿技术正在农业领域中实现深度整合与应用，驱动着农业生产的变革与发展，高质量发展作为当前中国农业发展的重要方向，要求农业在其保障粮食安全的基础上，更加注重提升农产品的质量、效益和竞争力，推动农业产业结构的优化升级和农业绿色发展。数智技术的应用，与这一发展需求契合，为农业高质量发展提供了前所未有的机遇和强有力的支撑（陆岷峰，2024）。

河北省作为农业大省，肩负着提高农业生产效率、优化农业产业结构、保障农产品质量与安全等多重任务。同时，随着人民生活水平的提高，市场对农产品的需求也日益多样化、精细化。因此，河北省现代农业高质量发展需要借助先进科技手段，实现农业生产的高效、优质、可持续。数智技术通过数字化设计、控制和管理等手段，能够大幅提升农业生产的效率。例如，智能农机装备的应用可以实现精准播种、施肥、收割等作业，减少人力成本，提高生产效率。同时，数智技术还能够实现河北省农业生产过程的实时监控和数据分析，帮助农民及时发现问题并采取措施，降低生产风险。数智技术可以通过数据分析，帮助农民了解市场需求和农产品价格趋势，从而调整种植结构和养殖结构，实现农业生产的优化。此外，数智技术还可以推动河北省农业与第二、三产业的融合发展，形成农业产业链和价值链的延伸，提高农业附加值。数智技术在河北省农产品质量安全监管方面发挥着重要作用。数字化追溯系统可以实现对农产品生产、加工、运输等全过程的监控和管理，确保农产品的质量和安全。同时，数智技术还可以提高农产品检测的效率和准确性，及时发现并处理质量问题。数智技术通过智能化管理，能够对农业资源进行合理使用和分配。例如，通过智能灌溉系统分析土壤和农作物的状态以实现精确灌溉，控制水量；智能农机装备通过科学农药用量，减少对环境的污染。同时，数智技术还可以推动农业废弃物的资源化利用，促进农业循环经济的发展。

3.2 数智技术赋能农业高质量发展的内在机理

3.2.1 数据要素的高效利用与数智技术的创新应用

首先，随着数字经济的蓬勃推进，数据要素已成为驱动农业高质量发展的核心引擎,是构成农业新质生产力中不可或缺的核心生产要素之一。通过智能分析数据要素,数智化体系能够提炼出数据智慧,进而优化经济主体的活动,并为这些主体提供基于数据的智能化应用策略。数据要素的数智化管理可以提高数据要素使用效率以及时期赋能效应。数据要素与农业物联网相结合,有助于农业进一步优化资源投入,实现精细化管理、自动化控制、智能化品质分类等,进而增强农产品与服务对市场的适应性,推动农业生产向绿色化、智能化转型,以在降低生产成本的同时提升生产效率与产品品质。此外,农业的数字化进程能够强化供需两端的联系,缩减信息差距,加快小农户对市场动态的响应,从而提升其收入水平。传统农业模式深植于个人经验之中,但这些经验往往受限于主观臆断与认知局限,致使生产决策效率低下,且易偏离最优路径。而今,借助信息技术提供的精确信息与强大算力,农业生产可以进行精细化的管理控制,生产决策实现从依赖个人经验到依靠客观数据的重大转变,这极大地促进了农业生产决策的科学性和效率。

其次,数据要素在农业生产中发挥着关键作用,为农产品的高质量提供了坚实的保障。农产品的品质,尤其是食品的安全性,直接影响广大消费者的身心健康。然而,在城乡二元结构的背景下,城市消费者往往难以直接监督农业生产过程,同时,农业因其地域差异性和难以统一标准的特性,时常面临质量参差不齐和安全不达标的挑战。针对这些问题,引入数字化追溯系统成为一种有效的解决策略。该数字化追溯系统能够全方位涵盖农产品的生产、加工至运输等各阶段,以保障农产品的质量和食品安全。同时,数智技术的应用还能显著提高农产品检测的效率和精准度,保证质量隐患能够迅速被发现并被清除。得益于数据要素的应用,农业生产主体得以实施精细化资源配置策略,精准投放各类农业生产资料,从而减少库存积压现象,显著提高化肥、水资源等重要生产要素的使用效率,可实现对农业生产流程的实时追踪与数据分析,使农民能够敏锐捕捉潜在问题并立即采取相应对策,进而有效削减生产过程中的风险。此外,数据要素能与传统的生产要素结合起来,从而优化资源的配置,充分地发挥数据乘数效应。例如,电子商务等数字化平台可以拓宽农产品销售渠道并加强品牌建设，从而提升农产品附加值，增强产业竞争力，优化价值链布局，推动农业实现高质量发展（刘华，2024）。

在现代农业中，数据要素被充分激活并利用，为农业生产提供了科学依据和精准决策。例如，数据要素可以结合历史与实时监测数据，推算灾害概率，自动生成应对方案，及时预警，降低损失。而物联网、传感器等设备可以及时收集相关数据，如土壤湿度、作物生长状况、气象条件和虫害情况等，数据经过处理和分析后，能够指导农民进行精准种植、灌溉、施肥和病虫害防治，使得农业生产管理更加智能化和精细化（刘琪琦，2023），从而提高农业生产效率和产品质量。许多农业企业开始采用数据驱动的生产管理模式，通过数据分析来优化生产计划、资源配置和库存管理等工作，能够减少资源浪费，降低生产成本，及时发现农业生产管理中的潜在问题和改进空间，同时提高农产品的市场竞争力，来进一步提高农业技术的创新。

最后，数智技术的创新应用对农业的创新发展有极大的推动作用。例如，大数据分析和数据挖掘技术能够及时发现农业生产中的潜在问题，还能根据趋势分析发现相应的机遇；物联网技术可以实现农业机械设备的智能化改造和远程监控。这些创新举措不仅提高了农业生产的效率和品质，对农业的可持续发展也起到了积极的推动作用。数智技术的应用对农业资源的配置和利用方式都起到优化作用。其一，提高农业生产的智能化水平，可以促进农业产业链的延伸和纵向拓展，农业生产者可以实现与上下游企业信息共享和协同作业，强化产业链的整体运作效能，为现代农业的高质量发展奠定了坚实的基础。其二，数智技术能够优化农业生产效率。通过给农业机械设备装配传感器与控制系统，可以达成对机械设备的远程监控及智能调配，从而提升机械设备的使用率及作业效率。实施全链条追溯与管理机制。这不仅确保了农产品质量与安全性的提升，还为消费者带来了更为便捷且个性化的购物享受。其三，数智技术可以优化农产品的加工与包装流程，借助智能化的加工设备及先进的包装技术，实现农产品的分级与分类处理，延长产品保鲜期并降低运输损耗，进而提升农产品的价值与市场竞争力。其四，数智技术可以应用于农业科研和育种领域。通过基因编辑、人工智能等技术手段，培育出更加适应市场需求和环境条件的农产品品种，从而提高农产品的产量品质。河北省农林科学院粮油作物研究所小麦育种团队通过人工气候室等现代科技手段，显著缩短了小麦育种周期，选育出了"冀麦U68""冀麦765"等优质小麦品种，这些新品种不仅提高了小麦的产量和品质，还加速了农业科技成果向实际应用的转化，为农民创造了显著经济效益。

3.2.2 数智技术深化农业产业融合实现智慧农业

首先，数智技术及关键要素的深度融合与应用，使得农业科技创新呈现出蓬勃发展的态势，持续推动农业高质量发展的深刻变革与农业生产力的显著跃升。科技创新加速了物联网、大数据、人工智能等技术在农业领域的普及，使得农业生产中产生的庞大数据集能够被有效地收集、储存、解析和利用。使数据成为农业生产中与土地、劳动力等传统要素同等重要甚至更为关键的新型生产要素，为农业高质量发展提供精准导航，提高劳动生产率和作业质量，从而重塑农业生产的物质技术基础，推动农业生产力向数智化新质态跃迁。数字新质生产力依托科技创新实现的精准农业模式，能够根据不同地区的土壤、气候、市场需求等条件，精准规划种植养殖品种与规模，促进农业产业结构的优化调整，推动传统农业向特色农业、精品农业转型，增强农业产业的整体效能与市场竞争优势。科技创新赋能的数字新质生产力通过构建智能化农业资源管理平台，实现对农业生产资源的精准配置与动态监测，对农业资源的使用情况进行实时分析和优化调配，优化资源配置，减少资源浪费与过度使用，提升利用效率，并减轻农业生产对环境的负面影响，从而在数智化框架下推动农业可持续发展，实现资源的最优配置，满足农业高质量发展所需的资源条件。

科技创新在引领农业生产方式深刻变革的同时，亦高度重视提升农业的可持续发展能力。通过采纳环保型农业技术与设备，农业生产对环境造成的污染与破坏得以有效减轻，从而推动了农业的绿色发展与可持续发展。智能灌溉系统能够基于农作物的生长需要和土壤条件，精确调整灌溉的水量和时间，显著减少了水资源的浪费。与此同时，采用有机肥料与生物农药等环境友好型农业投入品，显著减少了化肥与化学农药的使用量，有效缓解了农业生产对环境的压力。

其次，数智技术的广泛应用促进了产业的深度融合与协同发展，为农业产业体系构建注入了强大动能，数智技术的应用促进农业产业链的纵向延伸，推动农业产业升级，融合现代信息技术，精准地实现农产品消费者与生产者的零距离对接，农业生产者可以更好地掌握市场需求，使农产品能够快速响应市场动态变化，实现农产品的定制化生产和精准营销，而且全面贯通了农业产业链的生产、流通及消费各个环节，有效增强农业产品的附加值与市场竞争优势。这一变革还极大提高了农民在农业全产业链中的收益占比，形成了一个高效协同、互利共赢的闭环系统，并且利用电商平台实现农业生产资料和农产品的快速流通，解决农业生产经营的"最初一公里"和"最后一公里"问题。同时，促进农业产业的横向扩展，数智技术可以通过挖掘各地农业的文化价值、生态价值和休闲价值，拓展农业经营辐射边界，促进农业与旅游、文化、教育等产业的深度结合，催生了富有地方特色的新型农业产业模式，进一步拓宽了农业发展的功能范畴与边界，为农业现代化与乡村振兴增添了强劲动力。通过整合"产加销"链条，融合"农文旅"元素，并积极参与"双循环"体系，促进农业从单一产业向三产业协同发展转型，由分散的小规模生产向适度规模化经营迈进。这一过程旨在提升农业全环节效率，实现全链条价值增值（牛安春等，2024）。在此基础上，构建健全的农业产业链与产业集群，激励农业企业拓宽业务范围。强化农业与其他产业的融合与协同发展可以有力地推动农业产业的转型升级与高质量发展，为农业的未来开辟了更加广阔的空间。

再次，数智技术革新正在深刻重塑智慧农业生态，通过引入先进的数据分析和智能化管理手段，不仅提升了农业生产的效率和品质，还促进了农业产业链的优化和升级，为智慧农业的全面发展奠定了坚实基础。智慧农业通过集成物联网、大数据、人工智能和云计算等先进技术，实现对农业生产过程的智能监测和精准管理。发展智慧农业可以提高农业生产的效率、质量和可持续性，推动农业驱动因素从传统的劳动密集型向科技驱动型转型（徐平等，2024）。智慧农业通过实时监测和分析农作物的生长环境及状况，能够精确调整生产措施，从而显著提升农业生产效率。采用智能化管理模式不仅提升了机械设备的利用率和工作效率，还有效减少了故障发生频率及相应的维修费用。智慧农业推动农业可持续发展，通过优化资源配置和减少环境污染等措施，推动了农业的可持续发展。数智技术在智慧农业中的应用为现代农业的高质量发展注入了坚实的支撑，加速了农业生产的智能化转型进程，提升了管理的精细化水平，推动了产业链的优化与升级，加速了绿色发展的步伐，强化了科技创新的驱动力，并提高了经营决策的效率。同时，这些举措为加速农业技术的转型升级与推动新型智能农业的发展注入新活力，我们亟须深化与各界的合作，积极为科研成果的转化提供产业平台与基地支撑，携手共推智慧农业的繁荣发展（张勇，2024）。

最后，数智技术与农业高质量发展的内在联系是一个多维度、深层次的复杂议题。在这一进程中，数据要素扮演着举足轻重的角色，它如同现代农业的"血液"，为农业生产提供了精准、全面的信息支持。而数智技术，则如同强大的"引擎"，驱动着农业向智能化、高效化方向迈进。通过数智技术的广泛应用，农业生产中的资源配置得到了极大的优化。土地、水资源、农机设备等关键要素得以更加精准地调配和利用，从而提高了农业生产的效率和效益。同时，数智技术不仅促进了农业与其他产业的紧密融合，还拓展了农业产业链的深度与广度，为农业的高质量发展增添了新动力。尤为关键的是，数智技术与现代农业的深度融合，还推动了绿色农业的快速发展。未来，随着数字技术的不断发展和应用范围的不断扩大，数字新质生产力将继续为现代农业的高质量发展提供有力的支撑和保障。数据要素、数智技术与农业高质量发展的关系如图3-1所示。

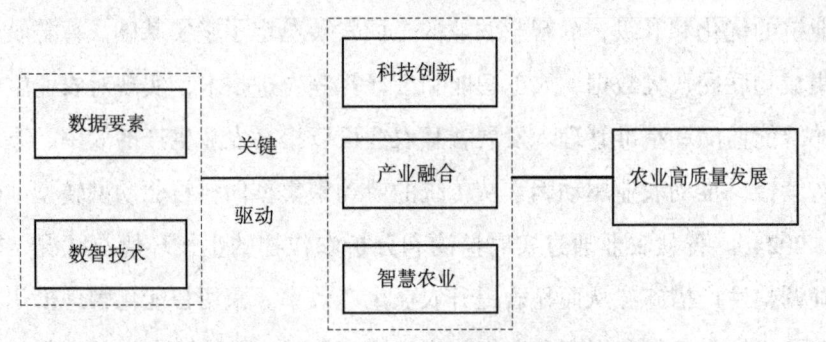

图 3-1 数据要素、数智技术与农业高质量发展的关系

3.3 数字新质生产力促进农业高质量发展的内在机理

发展新质生产力是推动高质量发展的内在要求和重要着力点。发展新质生产力就是要以科技创新为引领促进生产方式的变革，创造出新型生产资料和消费资料，以数字技术变革改造传统产业，形成现代化产业体系并重塑生产关系，进而驱动经济向高质量发展阶段迈进（谢富胜，2024）。数字新质生产力是由数字技术和科技创新所孕育的新型生产力形态，它通过深度整合大数据、人工智能、物联网、区块链等数字技术于生产流程之中，促使生产力在本质、构成及效能上实现根本性跃升，孕育出高技术水平、高效率及高品质的生产能力。这种生产力突破了传统生产力的局限，以数据和知识为关键要素，通过智能化、网络化、数字化的方式驱动经济社会高质量发展。在农业领域，这一变革由科技与改革双重引擎共同驱动，旨在从根本上转变传统上过度依赖耕地、淡水、化肥及农药等资源要素投入的粗放型、外延式发展模式，借助新质生产力所具备的"三高三新"[1]核心特性，推动农业技术实现革命性飞跃、创新性地配置生产要素、促进产业实现深度转型与升级，在推动农业发展进程中，我们既要遵循如创新驱动等普遍适用的规律，更要紧

---

[1] "三高"指：高科技、高效能、高质量；"三新"指：原始创新、集成创新、开放创新。

密围绕农业自身的资源特色与优势，着力扩展农业生产的潜力范围，并汇聚力量以增强农业的综合生产能力。自2018年起，河北省便聚焦于农业高质量发展，致力于提升农业效益与竞争力，通过有条不紊地调整优化农业生产、产业及产品结构，全面增强农业的规模化经营、科技创新、绿色发展以及质量效益水平。在此背景下，提高河北省农业全要素生产率，转变农业经济增长方式，推动农业实现高质量发展，已成为该省迈向农业强省的关键路径。

推进农业数智化水平的进程，本质上是一个农业深度转型与数智化渐进演变的长期历程。随着相关技术的不断成熟，一种全新的生产力形态——新质农业生产力应运而生，其生产能力远超传统农业模式，展现出显著的优势。传统农业生产的核心要素如土地、劳动力、农业机械、种子及化肥等，依然发挥着不可或缺的基石作用，而农业生产力的提升正是对这些传统要素进行高效整合与优化配置的结果。数字新质生产力正是在这些传统要素的基础上构建与发展起来的。生产要素在不同主体和环节之间得到了更合理的配置和利用，减少了中间环节的损耗和浪费，强化了农业产业的市场竞争力和抗风险能力，促进了农业高质量发展中的产业链协同升级。

数字新质生产力促进农业高质量发展的内在机理主要体现在农业生产资料的智能化管理、生产过程的精准化控制以及农业产业结构的全面优化升级等方面，共同构成了农业高质量发展的核心驱动力。

首先，如今，劳动资料已不仅限于传统农具和基础农业设施，智能化农业机械、传感器网络和数据处理平台等新兴工具已融入其中，大幅提升了农业生产的精准度和自动化程度；劳动对象也不再仅仅是单纯的土地与农作物，通过数智化手段，能够对土壤肥力、作物生长状况、气象环境等诸多因素进行实时监测与精准调控，这一过程将促使劳动对象的管理迈向更加精细化和科学化的新高度，同时显著提升劳动效率、土地利用率、资本回报率、资源使用效率以及环境保护效率。实现农业的数智化转型，推动农业高质量发展，关键在于精准识别并着力解决当前存在的发展不平衡、不协调以及不可持续的问题，意味着以更少的资源投入实现更高质量的产出，同时大幅减少废弃物的产生，降低对环境的压力，最终达成全要素生产率的大幅提升，实现对农业生产过程中资源的高效统筹和配置，有效推进农业生产要素从单一利用模式向绿色循环模式转变，改善农业生产中土地、农机、资金等要素配置效率有限的现状，缓解资源约束与农业生产之间的矛盾，促进农业生产资源的使用率基础上实现增产增收，减少农业污染排放，同时，积极推动交易模式的革新，加速土地流转进程，着力农业规模经营整体水平的提升。

其次，数字新质生产力依托科技创新与农业智能的蓬勃发展，持续推动农业生产方式的深刻变革与农业生产力的显著跃升。这一变革从根本上颠覆了传统农业的生产方式与管理模式，使得以往依赖经验判断与粗放式管理的旧有模式，逐步被基于数据驱动与智能决策的精细化管理新范式所取代。采用先进的农业管理模式和经营理念可以对农业生产结构和布局进行优化，从而提升农业生产效率和资源利用效率。

最后，农业生产力与数字新质生产力协同创新作用于农业产业链上中下游的各个环节，包括从种植养殖到加工包装，再到仓储物流及市场营销的完整流程。农业生产力的增强推动了农业产业结构的优化升级，促使农业由传统的以单一初级农产品生产为主的模式，向多元化、高附加值的现代农业产业结构转型。

大力推动农机服务的规模化运营，提升数字新质生产力，成功打破了长期以来制约农业发展的土地碎片化与农业生产碎片化的双重束缚，从而为农业结构的优化与区域布局的合理化发展开辟了全新的路径。

广袤的耕地为智能农业设施的布局提供了空间载体，劳动力则是操作和维护数智化农业装备的主体力量，而农业机械的广泛应用为其智能化升级奠定了装备基础，种子和化肥等生产资料的持续改良与供应保障了农业生产的物质循环与能量流动，为数字新质生产力在农业领域的广泛应用奠定了坚实的基础。例如，数智技术通过数字化设计、控制和管理等手段，使智能农机装备应用可以实现精准施肥、收割等农业作业流程的自动化，有效降低了人力成本，提升了农业生产效率与作业品质，显著增强了农业生产的整体效能。长期以来，农业生产实践中积累了大量宝贵经验，涵盖不同作物的适宜种植时间、灌溉需求，以及病虫害防治策略等，这些经验数据为数字新质生产力中的大数据分析与人工智能算法训练提供了原始素材。通过对大量农业实践经验数据的收集、整理和分析，数字新质生产力能够构建更加精准的农业生产模型和决策支持系统。通过引入环保型农业技术和设备，减少农业生产对环境的污染和破坏，实现农业的绿色发展和可持续发展（孙健健等，2024）。

数智化农业巧妙地融合了5G、物联网、大数据等新一代信息技术，对农业生产中的各类要素进行了前所未有的高效统筹与优化配置。这些尖端技术不仅赋予了农业生产更为精细化的管理能力，而且极大地提升了资源利用效率。其在推动农业生产智能化、精准化及可持续发展方面展现出了显著的学术价值与实践意义，特别是在河北省等农业大省的应用中，更是体现了其深远影响。

首先，农业智能通过深度整合人工智能、大数据与物联网等先进技术，实现了对农业生产管理的智能化升级。河北省不仅引入智能农业系统与智能农机装备，实现了农业生产过程的自动化控制与精准化管理，还通过大数据分析技术与机器学习算法，对农业生产数据进行了深度挖掘与分析，为农业生产提供了科学依据与精准决策支持。这一过程不仅提升了农业生产的效率与质量，还推动了农业生产向智能化、精准化方向的转型升级。

其次，农业智能在促进农业资源高效利用方面发挥了关键作用。例如，河北省引入智能灌溉系统与智能施肥系统，实现了对水资源与肥料的精准管理与控制，显著提高了农业资源的利用效率与效益。农业智能作为数字新质生产力的前沿探索，在推动农业生产智能化、精准化及可持续发展方面展现出了显著的学术价值与实践意义。

最后，数字新质生产力与农业高质量发展的内在联系及其运作机制是一个复杂且意义深远的议题。这一议题的核心在于，数智化如何推动农业生产资料的高效利用、实现精准化管理，并加速产业升级，从而加快农业高质量发展的步伐，如图 3-2 所示。数智技术的引入不仅优化了农业生产流程、提升了生产效率，还推动了农业资源的合理配置和节约利用，为现代农业的可持续发展提供了有力支撑。

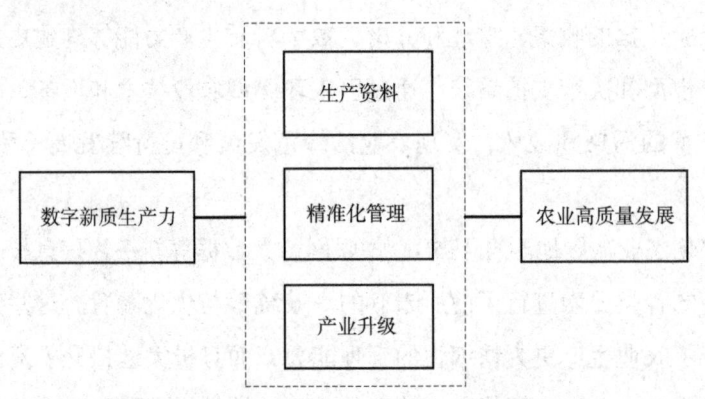

图 3-2　数字新质生产力与农业高质量发展的关系

3.4　数智化农业创新平台模式推动农业高质量发展的内在机理

数智化农业创新模式平台是当前农业高质量发展的核心，它可以深度整合前沿的数字技术与智能技术，致力于全面提升农业生产的综合效能。这一平台通过精准的数据采集、高效的数据处理与智能决策支持系统的结合，可以显著提高了农业生产效率，实现农业生产资源的高效配置与利用，而且有效提升了农产品的品质与安全标准，更好地满足了现代消费者对健康、绿色、高品质农产品的多元化需求。同时，数智化农业创新模式平台还能通过将生产流程自动化、智能化，大幅降低农业生产的人力成本和资源浪费，进一步压缩生产成本。此外，平台可以借助大数据分析与数字化营销手段，增强农产品的市场竞争力，为农业产业的转型升级和可持续发展奠定坚实基础。

本节从农业供应链的优化、数字化平台的构建以及数字普惠金融的融入三方面，深入剖析数智化农业创新模式平台如何与农业高质量发展形成内在联动机制。

（1）农业供应链的优化

农业供应链借助现代信息技术和智能管理系统可以实现农产品从生产到消费全链条的透明化、高效化和智能化管理，利用互联网新技术对农业产业进行全方位、全链条的改造，以期形成数字农业新型业态，加速农业产业链供应链现代化水平的提升（肖立新，2024）。而农业供应链管理平台通过整合并优化物流、信息流及资金流，可以实现农业生产、加工、仓储、运输及销售等各环节的协同高效，有效解决传统农业中存在的信息不对称问题，增强了农业产业链的整体运作流畅度与协同合作效率。同时，智能仓储和冷链物流系统的引入进一步提升了农产品的保鲜能力和运输效率，为农产品远距离销售和跨区域流通提供了有力保障。电商平台通过建立农产品数字化供应链，可以减少供应链中间环节，降低销售成本，实现农产品市场层级扁平化，减少农产品损耗，进而提高生产者的收入（詹帅等，2024）。例如，生鲜农产品供应链通过低零代码实现自动化，用AI"反哺"数据，构建智能化的数云融合生态体系，从而实现对生鲜农产品的全过程追溯，有效保障流通环节的安全管控，提高非常态化事件下生鲜农产品供应链的韧性与稳定性，实现对常态化和非常态化（疫情、旱涝、雪灾等）情景下生鲜农产品供应链的动态协调，助力生鲜农产品供应链应急处置能力的显著提升。

（2）数字化平台的构建

农业数字化平台在农业生产要素的流通与整合中发挥了重要作用，成为推动农业产业协同发展、提升数字新质生产力的关键环节。平台通过联结多个群体，构建互动机制以响应各方需求，并从中实现盈利。其创造价值的途径在于通过连接与聚合资源来削减交易成本，进而激发网络效应（冯华等，2016）。对于农民而言，这一模式能够开辟更为广阔的市场空间，促进农资和农产品的快速流通。而加大对农村地区网络基础设施的投资力度，提高宽带网络的覆盖率和质量，能够有效推广5G、物联网等新型网络技术，为数字农业提供更高效、更稳定的网络支持。完善农业信息化平台，建立农业大数据中心，整合农业生产、销售、市场等各个环节的数据资源，有助力于建立农业信息化服务平台，为农民提供包括精准种植指导、智能灌溉管理、病虫害预警等在内的全方位智能化服务。

农业电商平台、农业供应链管理平台等数字化平台打破了地域、行业和主体之间的信息壁垒，实现了供应商、农产品生产商、加工企业及销售商等农业生产主体之间的信息共享与业务有效对接。

（3）数字普惠金融的融入

数字普惠金融与农业高质量发展彼此促进，依托互联网技术和大数据分析，提供精准的农村地区及农业经营主体的多元化金融服务需求，进行快速响应。通过移动支付、网络借贷、网络众筹等线上服务渠道，精准地将资金输送到农业产业链的各个环节。整合银行、证券、保险等金融机构的服务，不仅能为农业经营主体提供一站式金融解决方案，还能结合农业技术推广部门和市场调研机构的信息，为农业生产提供技术和市场导向，推动农业向高质量发展转型。

农业高质量发展进程中会产生丰富的数据资源，这些数据可用于完善数字普惠金融系统，助力金融机构更准确地评估农业经营主体的信用等级和风险状况，进一步优化金融服务。农业供应链金融数字化信息管理平台应重视信息共享，如此才能促进产业互联网与农业深度融合，促进农业供应链金融落实到农业发展中（万佳俊等，2024）。一方面，数字普惠金融通过创新服务模式，诸如在农产品供应链金融中引入区块链技术、利用大数据驱动农业信贷产品的创新设计等，为农业的高质量发展开辟了新的金融工具和手段，极大地促进了农业领域的资金流动与资源配置效率。另一方面，农业高质量发展中的科技创新成果，如新型农业生物育种技术、农业智能化生产系统等，也为数字普惠金融提供了新的风险评估指标和业务拓展方向，两者在创新驱动下实现共生共赢，加快农业高质量发展。

数智农业创新模式平台与农业高质量发展的关系，如图3-3所示。在农业供应链层面，数智技术通过精准预测市场需求、优化资源配置、提升物流效率等手段，可以实现供应链各环节的高效协同与无缝对接，显著增强农业生产的灵活性和响应速度。在数字化平台方面，通过集成物联网、大数据、人工智能等先进技术，平台可以为农业生产提供了从种植规划、环境监测到病虫害预警、产品溯源等全方位、精准化的指导服务，有效提升农业生产的智能化水平和农产品的市场竞争力。而数字普惠金融的融入可以为农业企业和农户提供更加便捷、低成本的融资渠道，促进农业资本的优化配置和农业产业的转型升级。这三者的有机结合共同推动了现代农业向高质量、高效率、高附加值的方向迈进，为农业现代化发展注入了强劲动力。

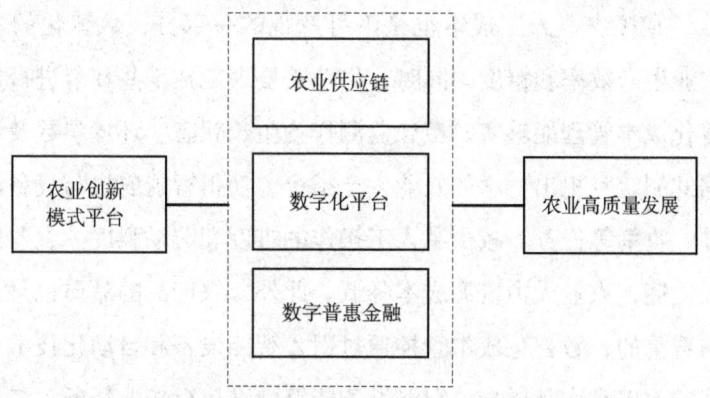

图 3-3 数智农业创新模式平台与农业高质量发展的关系

3.5 数智化成本管控助力农业高质量发展的内在机理

数智化成本管理是利用现代信息技术手段，对农业成本进行精细化、智能化的管理和控制，数智化农业成本管理依赖大量的数据收集和分析，通过数据驱动农业决策制定，提高农业成本管理支出的准确性和效率。利用人工智能技术可以对农业成本进行更精细的划分和控制，以实现对农业成本的自动化监控和预警，及时发现并解决成本潜在问题，提高农业成本管理的精细度和透明度。利用大数据优化成本管理是农业企业发展的重点，大数据技术结合成本管理理论与实务，可以使成本管理效率大幅提升，既可以优化经营流程，也能够确保决策效果，从根本上降低企业成本规模，促进效益最大化目标的实现。

在农业生产发展过程中，成本费用涵盖了从生产到销售的各个环节。

第一，直接材料成本是农业成本费用的重要组成部分，包括种子、种苗、肥料、农药、饲料、兽药等农业生产所需的基本物资，数智化成本管理能够优化资源配置，通过数据分析，实现农业生产要素的精确匹配，避免资源的浪费和过度使用，提高资源利用效率。找出农业生产中的瓶颈和问题，优化生产流程，节省农业投入成本。

第二，直接农业人工成本也是不可忽视的一部分，数智化的农机生产在提升农业生产效率和精度的同时，仍然需要人工在某些环节进行操作和干预，数智化成本管理能够实时精确监测作物生长状态、环境参数及病虫害情况，并据此制定且提出科学的农业生产指令，使得智能农机与设备能够自主完成耕种、收割等任务，减少了人工操作的难度和劳动强度。农业生产因此更加高效便捷，农业人力资源成本降低。此外，农产品的品质也是大多消费者追求与看重的，数智化成本管控通过引入智能设备和自动化技术可以提高农业生产的效率和产品质量。智能设备能够精准执行作业任务，减少误差和浪费，提高农产品的产量和品质。同时，数智化系统还可以对农产品进行质量追溯和监控，确保产品符合相关标准和消费者需求，从而降低因质量问题导致的退货成本。数智化农业还利用大数据和人工智能技术，对消费者需求进行精准分析，通过挖掘和分析消费者的购买记录、偏好等信息，农业企业能够制定更加精准的营销策略和个性化服务方案。这些方案能够更好地满足消费者的需求，提高农产品的市场竞争力，从而降低营销成本和销售成本。数智化成本管控理论通过科技创新、模式创新、质量提升和绿色发展等手段，可以实现农业生产效率、农产品质量、农业生态环境和农民收入的全面提升，从而推动现代农业高质量发展。

数智化成本管控理论与现代农业高质量发展的内在机理主要表现在数据资源、生产布局、精准施肥以及精准灌溉四方面。

（1）数据资源

数据资源在数智化成本管控与现代农业高质量发展之间扮演着至关重要的角色。数智化成本管控首先依赖于大量、准确的数据收集，这些数据来源于农田环境、生产活动、市场需求等多个方面。企业通过物联网、遥感、人工智能等技术手段，可以实现对农业生产全过程的数据采集和整合，为后续农业成本分析和管控提供基础。在收集到大量数据后，数智化成本管控利用大数据、云计算等技术进行深度分析，挖掘数据背后的规律和趋势。这些分析可以帮助农业生产者更加准确地预测生产成本、市场需求等关键指标，为生产决策提供依据。基于数据分析的结果，数智化成本管控可以生成智能化的决策建议，指导农业生产者优化资源配置、降低成本、提高生产效率。这些决策建议往往比传统经验决策更加科学、准确，可以促进现代农业的高质量发展。例如，河北省农林科学院农业信息与经济研究所与粮油作物研究所合作，开发了小麦数字化育种系统。该系统具有数据采集存储与管理、组合配置、材料管理、性状图像管理、育种决策、材料追溯、种质资源管理等功能，实现了从亲本选配到品种选育的综合管理和小麦育种流程的数字化和育种数据的标准化。通过该系统，育种工作者可以更加高效地管理和分析育种数据，提高育种决策的针对性和准确性，从而降低育种成本并提高育种效率，有助于推动河北省小麦育种行业的数智化发展。

（2）生产布局

数智化成本管控与优化农业生产布局是相互关联且促进的过程。在数智化成本管控的助力下，农业生产能够精准地依据市场需求与资源状况进行布局优化。借助大数据分析，可深入洞察各地农产品消费趋势，从而确定不同区域适宜种植或养殖的品类与规模，避免盲目生产导致的资源浪费与成本增加。例如，通过对海量消费数据的挖掘，政府能清晰知晓某地区对特定有机蔬菜的旺盛需求，进而引导该地区有针对性地规划蔬菜种植区域，合理调配人力、物力资源，实现成本的有效控制。同时，优化农业生产布局也为数智化成本管控提供了良好基础。布局合理的农业生产区域便于安装和运用智能化监测设备、自动化作业系统等数智化工具。比如，在集中连片的大型果园中安装智能灌溉与施肥系统，能够根据果树生长状况实时调整水肥供给量，极大提高资源利用率，降低生产成本。而且，基于科学布局的农业产业链条更加紧凑高效，各环节之间的数据流通与协同更加顺畅，使得数智化成本管控的范围得以拓展，从单一生产环节延伸至整个产业链，进一步提升成本管控的精准度与有效性，两者相辅相成，共同推动农业向现代化、高效化方向迈进。

（3）精准施肥

精准施肥可以提高肥料利用率，减少资源浪费，降低生产成本，同时提高农产品的质量和产量。精准施肥技术利用遥感、气象、土壤等数据，结合作物生长模型和智能算法，对作物生长条件进行实时监控和精确管理。通过土壤湿度传感器和气象数据，智能调控灌溉系统，实现节水灌溉和作物生长的最佳水分供应。通过提取土壤样本，进行全面化验，生成肥力分布图和施肥处方，无人机实现变量施肥，提高了施肥的精准性和效率。精准施肥技术已在常德以及浏阳、宁乡等地铺开，助力农业增产增收和乡村振兴。通过签订精准施肥服务协议，种植大户可以实现科学的肥料管理，提高农业生产效益。河北全面推进科学施肥增效，因地制宜推广肥料深施、种肥同播、水肥一体化、有机肥替代化肥等关键技术，在全省示范推广"三新"技术448万亩次，引导种植户改进施肥方式，按需科学施肥，有效提升肥料利用率。河北省积极争取中央和省级资金，分区域、分作物加大对缓控释肥、水溶肥、生物肥、土壤调理剂等高效新型肥料的补贴力度，推动施肥新技术和新肥料产品的普及。精准施肥通过科学的方法和手段、科学投放和高效利用，减少资源浪费和环境污染。精准施肥实现了有机肥替代化肥等绿色农业技术的发展，在控制化肥使用的同时，减少对土地和水资源的污染，对农业的可持续发展具有重要意义，是现代化农业的重要组成部分。

（4）精准灌溉

精准灌溉可以实现按需灌溉、精量灌溉，提高水资源利用率，降低灌溉成本，同时促进作物健康生长和发育。传统农田灌溉模式多依赖于经验判断、定时定量或大面积漫灌的方式，存在水资源浪费严重、灌溉效率低下等问题。同时，传统灌溉模式难以适应复杂多变的气候条件和土壤环境，容易造成土壤盐碱化、水土流失等问题。智能化灌溉系统通过集成传感器、控制器、通信模块等硬件设备，以及数据分析、智能决策等软件算法，实现了对农田环境参数的实时监测和精准控制。智能化灌溉系统可以根据作物生长的实际需求和水土条件进行精准调控，实现按需灌溉、精量灌溉。通过智能化灌溉系统，能够实现农田灌溉的自动化和智能化控制，极大地减轻了劳动力的投入，再加上资源的科学控制，降低了农业的生产成本。智能化灌溉系统已在多个地区得到推广和应用，为农业生产带来了显著的节水、节肥、节药效果。通过智能化手段提高农业生产效率和产品质量，有助于提升农业竞争力并促进农村经济发展。在河北省辛集市马兰农场，"马兰1号"小麦品种通过其深根系特性，实现了节水灌溉。

数智化成本管控理论与现代农业高质量发展之间存在着密切的内在联系。将数智化成本管控应用于数据资源、人工智能、精准施肥以及精准灌溉等方面，不仅可以提升农业生产效率，也可以促进农业的高质量发展。未来，随着信息技术的不断发展和应用，数智化成本管控将在现代农业中发挥更加重要的作用，为农业高质量发展注入新的活力。然而，数智化成本管控也面临着一些问题和挑战，如数据安全和隐私保护、技术普及和推广等。因此，需要政府、企业和农户加强合作，共同推动农业信息化建设，为农业现代化提供有力支撑。同时，还需要加强技术研发和创新，不断提升数智化成本管控的水平和能力，为现代农业高质量发展提供更加有力的支持，实现乡村振兴和农业现代化。

3.6 本章小结

本章深入剖析了数智化如何作为一股强大的驱动力，为农业高质量发展构建一套全面而深刻的内在机理框架。在这一框架下，数智技术不仅被视为工具，更是农业转型升级的核心引擎。其一，本章依托数智化相关理论，详细阐述了数智技术如何通过深度挖掘数据要素的价值，催化科技创新的涌现，促进农业与其他产业的深度融合，以及推动智慧农业的广泛应用，从而多维度、多层次地促进农业的高质量发展。其二，借助新质生产力理论，本章深入探索了数字新质生产力在农业高质量发展进程中的独特作用。数字新质生产力不仅重塑了传统农业生产资料的形态，如智能农机、精准农业管理系统等，极大地提高了生产效率，还推动了农业生产管理的精细化，通过实时监测、数据分析等手段，实现资源的最优化配置和环境的可持续保护。其三，本章还着重探讨了数智化农业创新平台在推动农业高质量发展中的内在机理。通过数字化平台的搭建，整合农业信息资源，为农民提供市场信息、技术培训等多元化服务，增强了农业的市场竞争力和可持续发展能力。智慧化在成本管控方面，能优化流程、提升要素生产效率，企业借助其全流程管理数据资源，进而提高农业高质量发展。数字普惠金融的引入为农业经营者提供便捷、低成本的金融服务，对农业发展中资金进行快速、合理的配置，使农业创新和高质量发展更加高效。

第4章 河北省数智化赋能农业高质量发展的演变与现状

4.1 河北省数智化赋能农业高质量发展的历史演变

河北省在数智化赋能农业方面经历了不断探索、快速发展和深入发展的过程，这些阶段的演变有力地推动了传统农业向数智农业的转型升级。河北省随着数智农业发展步入深化期即数智化赋能农业高质量发展时期，为河北省经济高质量发展奠定了坚实基础。从发展历程来看，河北省数智化赋能农业高质量发展已经取得了一些成果，但也面临了一些现实问题需要去解决。本章从两方面进行分析，第一方面是河北省数智化赋能农业高质量发展的历史演变，第二方面是河北省数智化与农业高质量发展的现状。

4.1.1 起步探索阶段（2010—2018年初）

农业信息化基础建设初步展开。在这一阶段，河北省的部分区域着手构建农业信息化基础设施，涵盖了农村地区的网络普及和农业信息服务平台的初步设立等方面。例如，农业部门建立了简单的农业信息网站，发布农业政策、市场信息、种植技术等内容，为农民提供信息获取渠道，但此时的信息传播范围和影响力相对有限。与此同时，在农业现代化的浪潮中，一些前瞻性的农业企业、种植大户以及农业园区正积极投身一场技术革新，他们开始广泛运用传感器、高清监控摄像头、无人机等一系列先进工具，对农业生产环境实施全面而细致的监测。这些高科技设备能够实时捕捉并传输温度、湿度、光照强度、土壤养分含量等关键数据，为农业生产管理提供了前所未有的精确性和时效性。然而，值得注意的是，这些应用尽管已经展现出巨大的潜力和价值，但当前仍处于一个相对零散的探索阶段。多数农业主体在尝试这些技术时，往往是基于自身需求进行小规模、局部化的应用，缺乏统一的标准和体系化的规划。这导致数据收集、处理和分析的效率不高，难以形成规模效应和协同效应，限制了数智技术在农业生产中的广泛应用和深入渗透。为了推动数智技术在农业领域的系统化、规模化发展，政府亟须建立一套完善的技术应用体系和管理机制。这包括制定统一的数据采集标准、建立数据共享平台、推广先进的农业物联网技术、加强农业大数据的分析和应用等。通过这些措施，可以将零散的数据孤岛连接起来，形成一张覆盖广泛、信息互通的农业数智化网络。同时，还需要加强农业技术培训和推广，提高农业从业者的数智化素养，使他们能够更好地掌握和应用这些先进技术。

政策引导与意识觉醒。随着政策引导和认识的提升，政府部门逐渐意识到数智化农业在增进农业生产效能、优化资源配置及推动农业可持续发展方面的关键作用。因此，政府开始积极出台一系列相关政策，旨在鼓励和支持农业信息化的快速发展。这些政策不仅为农业信息化提供了有力的制度保障，还通过具体的实施措施推动了农业信息化的落地生根。例如，在一些地区，政府部门以前瞻性的视角，积极投身于农业信息化示范项目的建设之中，旨在通过打造一批具有示范引领作用的标杆案例，来推动数智化农业的全面铺开。这些示范项目不仅得到精心规划、科学实施，而且注重成效展示与经验总结，以此作为引导农业经营主体积极参与数智化农业探索与实践的有效手段。在这些示范项目的引领下，农业企业、合作社、家庭农场等各类农业经营主体纷纷投身数智化农业的浪潮，不仅见证了数智技术为农业生产带来的革命性变革，也深切体会到了数智化农业在提高生产效率、优化资源配置、提升产品质量等方面的巨大潜力和广阔应用前景，更由此激发了他们对农业信息化发展的浓厚热情与坚定信心。这一系列示范项目的成功实施不仅为农业信息化向更深层次、更广领域的拓展奠定了坚实基础，更为我国农业的现代化转型与高质量发展注入了强劲动力。

4.1.2 快速发展阶段（2018—2022 年）

在快速发展阶段，物联网技术在农业生产领域的应用日益广泛且深入。农业使用物联网技术，对温度、湿度、光照等关键环境参数实时监测，让农业从粗放式逐渐向智能化和精准化发展。此外，物联网技术的触角正逐步延伸至农业生产的多个细分领域，包括大田作物种植、畜牧养殖以及水产养殖等，展现出其在农业领域的广泛应用价值与深远影响。在大田作物种植方面，物联网技术通过部署智能传感器网络，实时监测土壤湿度、温度、光照强度等关键环境参数，有效提升了作物产量与品质。在畜牧养殖领域，大型牧场积极采用物联网技术，牧民通过佩戴于牲畜身上的智能设备，实现对牲畜健康状况、运动量、繁殖状态等的实时监测与管理，极大地提高了养殖效率与动物福利。而在水产养殖方面，物联网技术的应用同样显著，渔业养殖者利用先进的传感器系统，不间断监测水质中的溶解氧、pH 值、温度等关键参数，及时调整养殖环境，确保水产品的健康生长与高产高质。这些实例彰显了物联网技术在农业领域的广泛应用潜力，更好地为农业数智化的转型，农业高质量发展提供了坚强的技术支撑。

农业大数据平台的建设取得一定成效，各地积极构建涵盖农业生产、经营、管理、市场销售、气象等多领域数据的综合平台，为农业生产决策提供了有力的数据支持。通过深度挖掘农产品市场价格与销售数据，农民能够更精准地把握市场需求动态，从而科学合理地安排种植计划。在食品安全领域，农产品质量追溯平台的建立，不仅保障了农产品的质量安全，还增强了消费者的信任度与满意度。与此同时，人工智能技术在农业中的应用也开始显现出一定的效果。在农作物病虫害识别、智能农机研发等方面，人工智能技术已展现出其独特的优势。例如，智能数控大豆玉米一体化播种机等传统农机装备的智能化升级,能够有效解决大豆与玉米复合种植模式下的播种难题,为后续机械化作业奠定坚实基础。此外,具备自动驾驶、精准作业等功能的智能农机装备逐渐应用于农业生产实践,显著提高了农业生产效率与作业精度。

在特色农业数智化发展方面,各地依据本地农业产业特点,主动探索数智化应用的新模式和新途径。如唐山市乐亭县通过深耕农业数智化场景应用,实现了病虫草害防治的"虫脸识别",并通过智慧大田管理平台提升了农田建设与生产管理的智能化水平。同时,该县还探索了"稻+渔"综合种养模式,实现了"一水多用、一田多收、以渔促稻、以渔稳粮"的可持续发展目标。

随着数智化农业的快速发展,对相关人才的需求也日益迫切。政府、企业、高校等社会各界逐步增强了在数智化农业人才培养和技术培训方面的合作。通过开展农业信息化人才培养与技术交流活动,不断提升农业从业人员的数字技能与信息化意识,为数智化农业的发展提供了坚实的人才保障。

此外,认养农业、共享农业等创新的农业应用模式不断涌现,不仅增加了农业的趣味性与附加值,还促进了农业与消费者之间的深度互动与融合。

相关政策的制定与实施为数智化农业的发展创造了有利的政策条件和发展契机。河北省农业农村厅出台的《河北省智慧农业示范建设专项行动计划(2020—2025年)》明确提出,要加速物联网、人工智能、大数据等数智化前沿信息技术在农业生产实践中的深度融合与应用,同时明确了具体的发展蓝图及重点任务,旨在推动智慧农业的全面发展。通过实施一系列重点工程与示范项目,打造了一批智慧农业示范园区、示范基地与示范项目,这些示范区域在农业生产的智能化、管理的数字化、服务的便捷化等方面取得了显著成效,不仅带动了周边地区数智化农业的发展,还为全省乃至全国的数智化农业发展提供了宝贵的经验与示范。例如,邢台市宁晋县作为全国农业科技现代化先行县,在河北省农科院的技术支持下,成功建立了1500亩的粮食产业智慧农场,实现了全天候、全时段、全方位的作物长势监测、土壤墒情与气象数字化监测，为农业生产提供了精准、科学、高效的管理方案，进一步推动了数智化农业在河北省的深入发展。

4.1.3 深入发展阶段（2023年至今）

在数智化深入发展的阶段，河北省的农业全产业链各环节逐步融入了数智技术，包括种植、养殖、农产品加工、销售及物流等多个方面，实现了信息的全面共享和产业的协同发展。具体而言，在种植与养殖领域，数智技术借助精准农业、智能农机装备及物联网等先进手段，实现了对农作物生长微环境及动物生长状态的实时精准监测与高效管理。这一技术的应用，不仅提升了农业生产的精细化水平，还有效促进了资源的优化配置与利用。

在农产品加工环节，数智技术的深度融入带来了加工效率与产品质量的双重飞跃。自动化生产线的广泛部署，极大地减少了对人工操作的依赖，使得生产流程更加流畅高效，显著提升了整体加工效率。与此同时，智能检测系统的精准应用，如同为生产过程安装了一双敏锐的"眼睛"，能够实时、准确地监测各项关键生产指标，如温度、湿度、成分比例等，确保每一个生产环节都严格符合既定的质量标准。这种智能化的品控管理，不仅有效避免了因人为因素导致的品质波动，还极大提升了产品的稳定性和一致性，使得最终出厂的农产品在品质上达到了前所未有的高度。这一系列的变革，不仅极大地增强了农产品的市场竞争力，使其在国内外市场上更加抢眼，更为广大消费者提供了更加丰富、安全、可靠的食品选择，有力推动了农业产业链的升级与延伸。

在农产品销售与物流领域，数智技术同样发挥了重要作用。电子商务平台的兴起为农产品打开了更为广阔的市场空间，使农产品能够更直接、便捷地触达消费者。同时，平台还能利用大数据分析技术深入挖掘消费者需求，实现精准营销与订单农业的推广，从而有效提升农产品的销售效率与农民的收入水平。此外，智能仓储系统与冷链物流技术的结合，实现了库存的实时监测与优化管理，确保了农产品在运输过程中的新鲜度与安全性，进一步提升了农产品的市场竞争力。

与此同时，监管体系的智能化转型在河北省取得了突破性进展。借助大数据、区块链等前沿技术的强大力量，河北省成功构建了一套覆盖农产品生产、加工、运输等全链条的，更加全面、高效、透明的监管体系。这一体系能够实现对农产品从田间地头到餐桌的每一个环节进行精准追溯与严格把关，确保了农产品的品质与安全。通过大数据的深度分析与区块链的不可篡改性，监管人员能够迅速识别并应对潜在的质量风险，有效防止不合格产品流入市场，从而极大地提升了消费者的信任度与满意度。这一智能化监管体系的建立不仅为河北省农产品的品牌信誉树立了坚实的基石，更为推动农业高质量发展、保障人民舌尖上的安全提供了强有力的支撑。

在人才科技方面，京津冀区域在数智化农业领域的合作与发展呈现出日益增强的趋势。北京市和天津市的科技、人才资源，与河北省丰富的农业资源相辅相成，共同促进了数智化农业的加速发展。众多科研机构与企业在河北省开展智慧农业技术的研发与应用推广工作，此举不仅加强了区域间的技术交流与合作，还推动了数智化农业科技成果的快速转化与应用，为河北省乃至全国的数智化农业发展增添新的生机与驱动力。

4.2 河北省数智化与农业高质量发展的现状[①]

4.2.1 河北省数智化发展现状

河北省在新一代信息基础设施方面进行了大力投入，包括5G基站、光缆等关键设施的建设，这些举措为数智化农业的发展构建了稳固的网络支撑体系。与此同时，河北省还积极建设了一批数据中心与云计算平台。这些平

[①] 河北省数智化和农业高质量发展的相关数据来源于《中国城市统计年鉴》、EPS数据库、企研社科大数据平台等，河北省农业高质量发展的基础指标数据来源于《中国城市统计年鉴》、EPS数据库、河北统计年鉴等。

台在农业数据的存储、处理及分析等方面发挥了至关重要的作用，为农业领域的数智化转型提供了强大的技术支持。全面评估河北省的数智化水平，可以从数字化与智能化两个维度进行深入分析。

在数字化方面，我们可以通过考察数字规模与数字应用两个指标来评估河北省的数字水平。数字规模反映了河北省在信息技术领域的整体投入与建设情况，而数字应用则体现了信息技术在农业等实体经济领域的渗透程度与实际应用效果。据相关数据显示，截至2023年，河北省新建5G基站数量已突破8万个，这一新建量位居全国首位，而总量也跻身全国前六，这充分展示了河北省在数字化基础设施建设方面的强劲实力。在智能化方面，智能化专利是衡量一个地区在智能化技术研发与创新能力方面的重要指标。河北省在智能化技术研发方面取得了显著进展，智能化专利数量的不断增加不仅反映了其在智能化技术领域的创新活力与成果产出，也为数智化农业的发展提供了强有力的技术支撑与保障。

本研究借鉴唐岳曦与蔡湘的研究构建数字化与智能化评价指标体系，同时考虑数据的可获得性，将数智化发展水平分为数字化和智能化两个维度。其中数字化包括数字规模和数字应用两个部分，数字规模包括邮政业务占各地区GDP比重和电信业务占各地区GDP比重两个指标；数字应用包括互联网宽带接入用户数和移动电话用户数两个指标。智能化部分选取了5G专利授权数量、区块链专利授权数量、人工智能专利授权数量作为测算指标。本研究选取河北省2013—2022年的相关数据，描述河北省11个地级市地区数智化发展，来直观呈现河北省11个地级市地区数智化趋势。

（1）邮政业务收入占各地区GDP比重

邮政业务中的快递服务作为电子商务的重要支撑，其收入占GDP的比重是衡量地区数字经济消费活力的一项重要指标。该比重的上升，不仅意味着电子商务等数字经济消费模式的活跃度提升，也反映了邮政业务在数字经济浪潮中的增长态势，进一步揭示了数字经济在消费端的规模扩张与影响力增强。

通过对 2013—2022 年间各地市邮政业务收入占 GDP 比重的分析，我们发现全省整体的邮政业务收入占 GDP 比重虽呈现出一定的波动性，但整体上呈现出上升趋势。然而，在 2019—2021 年期间，各地级市的邮政业务收入均出现了显著的下滑趋势，2022 年开始回弹。值得注意的是，各地市邮政业务收入占 GDP 的比重存在显著差异。如表 4-1 所示，石家庄、保定、廊坊等市的比重相对较高。这些地市通常拥有较为发达的经济和更为多元化的产业结构，为邮政业务的发展提供了更为坚实的基础和广阔的市场需求。相比之下，承德、张家口等市的比重则相对较低。这一现象的形成主要受当地地理环境、产业结构等多重因素的影响。例如，张家口的地理环境与气候条件对邮政业务的发展有一定的限制作用，因此对邮政业务的依赖和带动作用相对有限，导致邮政业务在当地经济中的比重偏低。

表 4-1　2013—2022 年河北省 11 个地级市邮政业务收入占地区 GDP 比重（%）

地区	年份									
	2013	2014	2015	2016	2017	2018	2019	2020	2021	2022
保定市	0.38	0.23	0.59	0.74	1.05	1.21	1.62	0.84	0.12	1.85
沧州市	0.23	0.16	0.27	0.15	0.16	0.59	0.87	0.44	0.03	0.98
承德市	0.21	0.21	0.25	0.28	0.28	0.36	0.38	0.20	0.04	0.37
邯郸市	0.17	0.13	0.21	0.26	0.29	0.39	0.49	0.32	0.15	0.87
衡水市	0.31	0.17	0.41	0.48	0.56	0.72	0.97	0.51	0.08	1.45
廊坊市	0.39	0.16	0.13	0.12	0.11	0.95	1.26	0.70	0.17	2.20
秦皇岛市	0.23	0.33	0.22	0.20	0.48	0.52	0.59	0.47	0.34	0.57
石家庄市	0.39	0.42	0.50	0.48	0.85	1.14	1.54	0.88	0.22	1.57
唐山市	0.12	0.15	0.16	0.19	0.22	0.28	0.32	0.22	0.12	0.32
邢台市	0.23	0.14	0.14	0.45	0.53	0.79	1.12	0.61	0.12	1.40
张家口市	0.25	0.15	0.28	0.33	0.40	0.49	0.53	0.29	0.06	0.61

（2）电信业务收入占地区 GDP 比重

电信业务收入的增长与通信网络基础设施的完善及用户的广泛采纳之间存在着密切的依赖关系。当电信业务收入在 GDP 中占据较高比重时，这通常意味着该地区的数字基础设施覆盖更为广泛，网络信号普及率高，且用户对电信服务的使用频繁且深入。具体表现为高速宽带接入、移动网络服务等在经济活动与居民日常生活中的高度渗透,这是数字化规模得以扩张的基础性条件。

在数字经济蓬勃发展的时代背景下,众多创新应用如电子商务、数字金融、在线教育、远程办公等,均依赖电信网络进行数据传输。因此,电信业务收入占比的高低,能够在一定程度上反映地区数字经济生态的活跃度。电信业务收入占比较高意味着该地区的企业与个人正积极利用电信网络开展创新业务活动,进而催生出更多的数字化产品和服务,这些产品和服务被创造与消费,共同推动了数字经济规模的持续增长,并为进一步的创新活动提供了源源不断的动力。

表4-2显示,2013—2022年,河北省电信业务收入在GDP中所占比重整体呈现出下降趋势。这一现象表明,尽管河北省的GDP总量在持续增长,但电信业务收入的增长速度却相对滞后。这可能是由于在全省的产业结构中,传统产业仍然占据较大比重,而数字化转型的进程在整体上尚不够迅速,导致电信业务在推动经济向数字化转型方面的潜力未能得到充分释放。此外,不同地市之间电信业务收入占GDP的比重也存在显著差异。石家庄、保定、廊坊、邢台等地市的占比相对较高,这些地区在数字基础设施建设、数字产业培育以及数字经济应用推广方面相对领先,拥有较为完善的数字生态系统。而唐山、沧州等地市的占比则相对较低,这主要受传统产业结构的主导以及数字经济发展相对滞后的影响。这种地区间的差异,进一步揭示了河北省内部数字经济发展的不平衡性。在未来数字化战略布局中,需要有针对性地制定区域差异化的政策措施,以促进全省数字经济的协调发展。

表4-2 2013—2022年河北省11个地级市电信业务收入占地区GDP比重(%)

地区	年份									
	2013	2014	2015	2016	2017	2018	2019	2020	2021	2022
保定市	2.46	0.02	0.02	0.02	0.02	0.02	0.02	0.01	0.01	0.02
沧州市	1.44	0.01	0.01	0.00	0.01	0.01	0.01	0.01	0.00	0.01
承德市	1.79	0.02	0.02	0.02	0.01	0.02	0.02	0.01	0.01	0.01
邯郸市	1.49	0.01	0.01	0.01	0.01	0.01	0.01	0.01	0.01	0.01

续表

地区	年份									
	2013	2014	2015	2016	2017	2018	2019	2020	2021	2022
衡水市	2.01	0.02	0.02	0.02	0.01	0.01	0.01	0.01	0.00	0.01
廊坊市	2.29	0.02	0.02	0.02	0.02	0.02	0.02	0.02	0.02	0.02
秦皇岛市	2.39	0.02	0.02	0.02	0.02	0.01	0.02	0.02	0.02	0.01
石家庄市	1.79	0.02	0.02	0.01	0.01	0.01	0.01	0.01	0.01	0.01
唐山市	1.03	0.01	0.01	0.01	0.01	0.01	0.01	0.01	0.00	0.01
邢台市	2.19	0.02	0.02	0.02	0.02	0.02	0.02	0.02	0.02	0.02
张家口市	2.12	0.02	0.02	0.02	0.02	0.02	0.02	0.01	0.02	0.02

（3）互联网宽带接入用户数

互联网宽带接入用户数作为衡量能够接入并利用互联网服务进行各类数字应用活动的潜在用户群体规模的关键指标，构成了数字应用市场发展的基石。这一指标对于在线教育、远程办公、电子商务、云存储等一系列数字应用的用户规模上限具有决定性影响，是数字经济时代衡量地区数字基础设施建设水平及数字应用发展潜力的重要依据。

表 4-3 展示的是 2013—2022 年河北省 11 个地级市互联网宽带接入用户数。通过对该数据的分析，我们发现该省各地级市的宽带接入用户数均呈现稳步增长的态势。这一趋势不仅彰显了河北省在数字基础设施建设方面的持续努力与显著成效，更为数字应用的推广与深入发展奠定了坚实的用户基础。具体来说，承德与沧州 2013—2022 年互联网宽带接入用户数的增长速度超过 240%，增长幅度之大，充分展示了该市在数字基础设施建设方面的努力。保定、石家庄与唐山 2013—2022 年互联网宽带接入用户数的增长速度分别为 173%、159.10% 与 140%。其他地级市 2013—2022 年互联网宽带接入用户数的增长速度 200% 左右。这种差异不仅反映了不同城市在数字基础设施建设方面的进度与成效差异，更揭示了各城市在数字应用发展潜力上的不同。数字基础设施建设越强的城市越能够吸引数字应用企业入驻并助其快速发展，进而推动数字应用的种类与深度得到更为丰富的拓展。

表4-3　2013—2022年河北省11个地级市互联网宽带接入用户数（万户）

地区	年份									
	2013	2014	2015	2016	2017	2018	2019	2020	2021	2022
保定市	157	174	195	248	284	312	338.97	364.94	398.75	428.36
沧州市	83	92	103	146	178	214	228.89	246.24	270.56	289.79
承德市	41	46	49	67	74	96	106.13	115.71	130.22	139.94
邯郸市	100	108	113	148	190	174	232.35	258.90	291.73	311.52
衡水市	57	64	72	92	110	127	135.59	144.94	159.96	172.36
廊坊市	84	91	101	120	164	193	206.19	218.13	237.01	251.26
秦皇岛市	59	61	64	90	96	110	129.08	135.77	146.86	155.85
石家庄市	192	214	233	281	318	374	393.22	416.73	462.80	497.61
唐山市	137	138	139	168	193	220	261.45	279.75	309.69	328.04
邢台市	81	92	102	136	161	185	195.99	211.74	233.62	250.51
张家口市	51	56	58	83	105	124	131.80	141.50	155.69	167.33

（4）移动电话年末用户数

移动电话年末用户数作为衡量能够利用移动终端设备参与各类数字应用活动的潜在用户群体规模的关键指标，在当今数字化时代背景下具有重要意义。移动电话不仅是人们接入互联网、享受移动支付、社交媒体、移动办公、移动娱乐等多样化数字应用服务的主要工具，还直观体现了数字应用市场的潜在规模与增长潜力。

表4-4显示，2013—2022年，河北省各城市的移动电话年末用户数普遍呈现持续增长的态势。这一趋势不仅反映了河北省在数字应用普及方面的显著进步，也揭示了移动电话作为数字应用重要载体的角色日益凸显，其承载的数字应用市场规模在不断扩大。这一增长态势得益于全省数字基础设施建设的不断加强、通信技术的持续创新与进步，以及居民和企业对数字应用认知度与接受度的逐步提升，共同推动了数字应用市场的繁荣发展。然而，各城市在移动电话年末用户数以及数字应用发展方面存在显著差异。具体而言，石家庄、邯郸、承德、衡水、邢台2013—2022年移动电话年末用户数的增长速度在50%左右，保定与廊坊2013—2022年移动电话年末用户数的增长速度在35%左右，可以看出河北省大部分城市在数字应用的普及程度与经

济社会发展的深度融合以及市场活跃度等方面表现较好，为数字应用市场的快速发展提供坚实的基础。相比之下，唐山与秦皇岛增长速度相对较慢。以秦皇岛为例，其移动电话用户数从 2013 年的 343 万户增长到 2022 年的 388 万户，增长速度相对平缓。这一现象可能与秦皇岛的常住人口规模较小有关，2022 年末该市常住人口数仅为 309.81 万人，人口基数小限制了移动电话用户数的增长空间。

表 4-4　2013—2022 年河北省 11 个地级市移动电话年末用户数（万户）

地区	年份									
	2013	2014	2015	2016	2017	2018	2019	2020	2021	2022
保定市	967.30	905	946	1 023	1 079	1 176	1 177.21	1 242.05	1 282.45	1 293.85
沧州市	592.80	605	597	680	742	780	780.93	805.00	849.33	860.34
承德市	267.47	285	281	319	374	372	373.78	388.41	399.28	404.52
邯郸市	651.50	717	711	805	867	958	985.85	969.76	997.20	1 008.73
衡水市	322.72	341	354	410	446	462	470.31	475.03	493.18	495.24
廊坊市	486.40	511	469	604	575	642	677.18	622.93	646.51	654.42
秦皇岛市	343.10	326	344	356	401	413	366.55	375.04	384.67	388.45
石家庄市	979.30	1 038	1 071	1 170	1 265	1 376	1 403.31	1 368.05	1 428.06	1 449.85
唐山市	805.41	734	891	955	954	1 002	974	937.20	967.06	969.79
邢台市	436.82	483	539	617	625	668	667.05	698.11	731.21	741.60
张家口市	327.32	334	351	386	417	454	440.04	454.46	464.59	466.49

（5）河北省农业智能化现状

5G 专利授权数量是衡量一个地区在 5G 技术领域创新能力的重要标尺。在智能化发展的浪潮中，5G 技术作为关键的支撑性技术，其专利授权情况直接反映了该地区科研机构、企业等创新主体在 5G 通信技术研发领域的投入力度与取得的法律保护性创新成果。这些创新成果覆盖了 5G 网络架构、信号传输、设备制造等多个关键技术环节，是提升智能化水平不可或缺的核心驱动力。

如表 4-5 所示，2013—2022 年，河北省各城市的 5G 专利授权数量普遍呈现稳步增长的趋势，这标志着河北省在 5G 技术创新领域整体呈现积极向上的发展态势。这一趋势的形成，可能得益于国家对 5G 技术发展的战略导向与支持、河北省对智能化转型的高度重视，以及企业和科研机构在5G技术研发领域的积极投入与不懈努力。

然而，值得注意的是，各城市之间在5G专利授权数量上存在较为显著的差异。具体而言，廊坊市、石家庄市、保定市等城市的专利授权数量相对较多，且增长态势较为稳定，这表明这些城市在5G技术研发与应用方面具备较强的综合实力与竞争优势。相比之下，承德市、张家口市等城市的专利授权数量则相对较少，承德市在10年间从0件增长至79件，张家口市从10件增长至204件，增长速度相对缓慢，这在一定程度上反映了这些城市在智能化进程中技术创新能力的相对薄弱。这种差异可能源于多方面因素的综合影响，包括科研资源的分配与利用、产业基础与布局、人才储备与培养等。因此，为了进一步提升河北省各城市在5G技术领域的创新能力，需要综合考虑这些因素，制定针对性的政策，加强科研资源的优化配置与高效利用，推动产业结构的优化升级与人才队伍的壮大，以助力河北省在智能化发展的道路上迈出更加坚实的步伐。

表4-5 2013—2022年河北省11个地级市5G专利授权数量（件）

地区	年份									
	2013	2014	2015	2016	2017	2018	2019	2020	2021	2022
保定市	50	42	91	204	126	327	345	580	950	1320
沧州市	76	33	71	93	122	171	205	327	440	553
承德市	0	2	2	12	5	12	36	53	66	79
邯郸市	26	33	61	58	31	76	143	210	307	404
衡水市	6	24	13	30	62	42	80	170	265	360
廊坊市	112	142	244	256	298	454	447	683	826	969
秦皇岛市	50	45	55	57	44	68	107	166	230	294
石家庄市	140	230	165	256	286	550	634	1018	1130	1242
唐山市	87	120	146	115	130	219	449	569	661	753
邢台市	9	8	18	24	51	111	210	185	481	777
张家口市	10	44	21	69	54	96	70	140	172	204

区块链与人工智能专利数量是衡量一个地区在科技创新、技术实力和未来发展潜力方面的重要指标，也反映了地区在科技创新方面的实力，还深刻

影响着地区的经济发展、产业升级和社会进步。从表4-6和表4-7可以看出，2013—2022年，河北省区块链与人工智能专利数量呈现上升趋势，这表示这河北省在科技创新方面是积极发展的趋势。然而河北省各地级市在区块链与人工智能专利数上的发展非常不均衡，不少地区专利数量为零，而保定、廊坊、石家庄等地区的专利数量呈现逐步上升趋势。这也反映了河北省在区块链与人工智能专利上的发展仍然有很大的不足。造成区块链与人工智能专利技术薄弱的原因是多方面的，例如科研资源的缺乏，科技人才的缺乏，科技资金投入的缺乏等。因此，为了更好提升河北省各地级市区块链与人工智能专利的创新发展，需要综合考虑，有针对性地实施政策措施，以助力河北省在智能化创新上的健康发展。

表4-6 2013—2022年河北省11个地级市区块链专利授权数量（件）

地区	年份									
	2013	2014	2015	2016	2017	2018	2019	2020	2021	2022
保定市	0	0	0	0	0	0	16	24	50	76
沧州市	0	0	0	0	1	0	2	3	0	0
承德市	0	0	0	0	0	0	0	0	0	0
邯郸市	0	0	0	0	0	0	0	0	0	0
衡水市	0	0	0	0	0	0	0	0	0	0
廊坊市	9	8	4	8	9	7	13	20	35	50
秦皇岛市	0	0	0	0	0	0	0	0	0	0
石家庄市	0	0	0	0	1	0	0	2	12	22
唐山市	1	0	0	0	0	2	1	0	5	10
邢台市	0	0	0	0	0	0	0	0	0	0
张家口市	0	0	0	0	0	0	0	0	0	0

表4-7 2013—2022年河北省11个地级市人工智能专利授权数量（件）

地区	年份									
	2013	2014	2015	2016	2017	2018	2019	2020	2021	2022
保定市	0	0	0	0	0	0	0	9	4	0
沧州市	0	0	0	0	0	2	1	0	9	18

续表

地区	年份									
	2013	2014	2015	2016	2017	2018	2019	2020	2021	2022
承德市	0	0	0	0	0	0	0	2	3	4
邯郸市	0	0	0	0	0	0	1	8	7	6
衡水市	0	0	0	0	0	0	0	0	9	18
廊坊市	1	2	0	0	0	5	3	32	10	20
秦皇岛市	0	0	0	4	6	0	4	2	1	0
石家庄市	0	0	0	0	0	2	0	7	14	
唐山市	0	1	0	3	5	3	5	11	28	45
邢台市	0	0	0	0	0	0	0	0	2	4
张家口市	0	0	0	0	0	2	2	5	7	12

4.2.2 河北省农业高质量发展现状

河北省作为中国的重要农业大省，农业的发展状况深刻影响着民生福祉。随着农业高质量发展战略的深入实施，人们对农业高质量发展的评价已不再局限于单一的生产维度，而是涵盖了创新、协调、绿色、开放、共享等多个维度。

第一，创新包含农业创新基础和农业创新成果两个层面。农业创新基础包括科研投入、创新平台建设、人才培养等要素，这些要素为农业高质量发展提供了源源不断的创新动力。而农业创新成果则体现在新品种的培育、新技术的研发与推广等方面，这些成果不仅提高了农业生产效率，还推动了农业产业链的延伸与升级，为农业高质量发展注入了新的活力。

第二，协调包含产业产值结构、城乡收入结构和城乡消费结构等关键指标。分析这些指标可以揭示农业与其他产业之间的协调发展关系，以及城乡之间在经济发展、收入分配和消费水平等方面的均衡状况。这些分析有助于我们理解农业高质量发展在促进城乡融合发展、优化经济结构方面的重要作用。

第三，绿色方面以农业生态质量为核心，探讨农业高质量发展在资源节约、环境保护和可持续发展等方面的成效。对农业生态质量的评估可以反映农业生产对自然环境的压力与影响，以及农业在绿色转型和生态文明建设方面的努力与成果。

第四,开放指的是农业进出口依存度。考察农产品的进出口情况可以了解河北省农业在国际市场上的竞争力与影响力,以及农业高质量发展在推动国际贸易合作与全球资源配置方面的作用。第五,共享包括农村生活水平和农村生活服务两个维度。评估农村居民的收入水平、消费能力、基础设施建设和公共服务供给等方面的情况,可以反映农业高质量发展在改善农村民生、促进社会公平正义方面的成效与贡献。

(1)农村创新基础

在衡量农村创新基础时,本研究采用单位耕地面积农用机械动力作为关键指标,以反映农业技术装备水平和生产效率的提升。高水平的机械动力意味着农业生产能够摆脱传统人力、畜力的局限,实现规模化、精准化作业。例如,精准农业技术的应用离不开先进农机装备提供的精准播种、施肥、灌溉能力,这是提高农业资源利用效率、减少浪费的关键;而大规模的农场化经营,只有依靠强大的机械动力支撑,才能确保农事操作的高效按时完成,为农产品按时上市、抢占市场先机提供保障。同时,采用机械化作业能够降低人力的劳动强度,能让农村劳动力从沉重的体力劳动中解放出来,进而有精力投入农业产品的加工、农业电商等提高农产品附加值的行业当中,为农村全产业链带来新的活力。

从表4-8可看出,河北省各市在单位面积机械动力上呈现出一定的发展态势。从数据来看,全省数据在2016年均呈断崖式下跌趋势,原因是这一年宏观经济"三期叠加"的复杂局面,即经济增速转换的阶段、经济结构转型的阵痛阶段和过往刺激政策消化阶段同时存在,农机装备制造和流通业受到了影响,投资回报率急剧下滑,造成了农业经营主体的购买兴趣和支付能力降低,河北省全省的农机普遍处于低迷状态。2016—2022年,全省各地市虽有波动,但整体呈增长趋势,这反映出河北省在农业机械化推进上付出的努力。石家庄作为省会城市,在这期间始终保持较高水平,2013年为1.98万千瓦/千公顷,2016年降为1.28万千瓦/千公顷,2022年达到1.49万千瓦/千公顷，其雄厚的经济实力与科技资源投入，使得农机更新换代快，机械化普及深入。这不仅保障了本地粮食生产的高效稳定，还吸引了周边地区农业人才、技术、资金的汇聚，形成农业创新高地，带动周边协同发展。唐山市的表现同样亮眼，多年来单位面积机械动力稳定在较高数值，雄厚的工业基础为农机制造与应用提供了有力支撑，农业生产效率得以持续提升，农业创新成果不断涌现，如智能温室设施与大型农机协同作业模式，让当地蔬菜产业享誉全国。

相比之下，张家口市的单位面积农用机械动力处于较低水平，2013年为0.45万千瓦/千公顷，到2022年也仅为0.44万千瓦/千公顷。受限于地形地貌复杂、经济发展相对滞后等因素，张家口市农机推广难度较大，农业生产仍较多依赖传统方式，这在一定程度上限制了农业创新步伐，农产品附加值提升缓慢，农民增收渠道受阻。承德市的情况也不容乐观，数据长期在低位徘徊。其山地多、耕地分散的地理特点，导致大型农机施展不开，小型适用农机研发推广不足，使得农业现代化进程缓慢，难以引入高附加值的农业创新项目，如农产品精深加工产业因原料供应的不稳定、不规模化而难以落地生根。

表4-8　2013—2022年河北省11个地级市单位面积农用机械动力（万千瓦/千公顷）

地区	年份									
	2013	2014	2015	2016	2017	2018	2019	2020	2021	2022
保定市	1.02	1.04	1.04	0.62	0.70	0.72	0.74	0.78	0.80	0.81
沧州市	1.10	1.12	1.18	0.91	1.00	1.04	1.06	1.09	1.09	1.10
承德市	0.97	1.00	1.03	0.62	0.69	0.69	0.68	0.68	0.69	0.72
邯郸市	1.39	1.42	1.45	0.92	0.99	1.04	1.06	1.08	1.11	1.12
衡水市	1.13	1.14	1.20	0.92	0.88	0.95	0.97	1.00	1.03	1.06
廊坊市	1.43	1.45	1.49	0.87	0.93	0.98	1.01	1.05	1.07	1.08
秦皇岛市	1.52	1.36	1.33	0.85	0.89	0.89	0.91	0.89	0.89	0.93
石家庄市	1.98	2.01	2.03	1.28	1.42	1.41	1.46	1.46	1.47	1.49
唐山市	1.47	1.50	1.52	0.95	1.08	1.11	1.11	1.11	1.12	1.14
邢台市	0.96	0.99	1.00	0.80	0.84	0.90	0.93	0.95	0.97	1.00
张家口市	0.45	0.47	0.48	0.35	0.35	0.39	0.41	0.43	0.43	0.44

（2）农林牧渔服务业总产值

农林牧渔服务业总产值是农业创新成果指标之一。一方面，该指标高产值意味着先进农业技术能借助专业服务，高效且精准地传递给从业者。如数字化精准种植、智能化养殖疫病防控等前沿技术，通过技术推广服务融入日常生产，大幅提升产出效率与产品质量，实现从理论创新到田间实践的跨越。另一方面，该指标体现产业融合创新深度。不断攀升的总产值侧面反映出农产品电商、休闲农业旅游等新业态背后的服务体系日臻完善。物流配送、营销策划、游客接待等配套服务走向成熟，拓展农业产业链，挖掘多元价值，是农业多功能性创新落地的有力见证。

从表4-9可看出，2013—2022年，河北省农林牧渔服务业总产值总体呈上升态势，昭显河北省农业服务领域持续进步，逐步强化对农业核心产业的支撑效能。这意味着，随着时间推移，越来越丰富多元的专业服务被注入农林牧渔生产各环节，成为产业升级的关键动力。它反映出河北农业正摆脱传统粗放模式，向精细化、专业化、现代化的高质量发展路径坚定迈进。

其中，石家庄、沧州等地农林牧渔服务业总产值处于较高梯队，展现强劲增长势头。石家庄依托省会科研资源，智慧农业管控、农业大数据服务蓬勃发展，赋能周边农业，稳固产值增长曲线。沧州凭借沿海资源与广袤耕地优势，渔业服务与陆地农业服务协同创新。从种苗培育的技术指导到收获后的冷链物流，构建全链条服务，驱动产值持续上扬，成为区域农业服务创新标杆。反观承德、张家口等总产值相对较低的城市，增长步伐相对缓慢。承德受山地地形制约，农业规模化难度大，技术普及、产业融合服务拓展艰难，限制产值快速提升。张家口坝上地区生态脆弱、气候特殊，传统畜牧服务向现代化转型滞缓，新兴农业服务业态培育不易，亟待破解瓶颈，探索契合本地的创新发展路径，追赶全省高质量发展浪潮。

表 4-9　2013—2022 年河北省 11 个地级市农林牧渔服务业总产值（万元）

地区	年份									
	2013	2014	2015	2016	2017	2018	2019	2020	2021	2022
保定市	175 438	188 760	208 969	225 215	302 918	335 882	368 846	401 810	434 774	467 738
沧州市	298 015	381 431	476 121	515 105	570 165	643 675	717 185	730 695	794 205	817 715
承德市	66 489	71 068	75 540	79 239	95 598	101 878	108 158	114 438	120 718	126 998
邯郸市	304 500	313 000	348 033	379 222	364 881	406 668	448 455	490 242	532 029	573 816
衡水市	202 365	255 992	331 697	346 415	272 456	288 538	304 620	320 702	336 784	352 866
廊坊市	65 812	67 881	80 195	75 702	96 745	104 606	112 467	120 328	128 189	136 050
秦皇岛市	44 127	46 451	75 603	94 924	265 059	299 149	333 239	367 329	401 419	435 509
石家庄市	305 263	337 610	358 850	400 468	462 046	511 933	561 820	611 707	661 594	711 481
唐山市	190 000	205 200	266 777	282 155	310 094	328 400	346 706	365 012	383 318	401 624
邢台市	315 751	338 168	254 522	276 685	228 857	256 642	284 427	312 212	339 997	367 782
张家口市	102 699	107 448	112 414	114 293	109 569	102 927	106 285	109 643	113 001	116 359

（3）单位面积粮食产量

单位面积粮食产量是衡量农业生产效率的核心指标，其水平的高低深刻揭示了农业科技创新成果在实际应用中的成效。具体而言，诸如高产良种的广泛推广、现代化种植技术（涵盖精准播种、精准施肥、精准灌溉等精准农业技术）的采纳，以及新型农业机械的广泛应用等科技创新实践，均对单位面积粮食产量产生直接影响。较高的单位面积粮食产量，不仅标志着这些创新措施在农业生产实践中得到了有效实施，而且证明其对于提升土地资源利用效率具有显著作用，是农业科技创新成果成功转化为现实生产力的直接证据。

从表 4-10 可看出，2013—2022 年，河北省单位面积粮食产量数据呈现一定的波动特征。整体波动幅度相对较为平稳，未出现大幅度的涨跌，这一方面表明河北省农业生产具备一定的稳定性，但另一方面也反映农业发展面临着"瓶颈"，亟须新的创新驱动力打破现有格局。稳定的产量基础为后续的农业创新实践提供了土壤，使得各项新技术、新模式有了试验与推广的前提条件。邯郸市单位面积粮食产量在这十年间一直处于较高水平，2013 年单位面积粮食产量为 0.72 万吨/千公顷，2022 年为 0.69 万吨/千公顷，虽有小幅波动，但始终名列前茅。这得益于其长期重视农业科技创新成果应用转化的政策支持。当地大力推广优良品种，与科研院校紧密合作，加速新品种从实验室到田间地头的落地进程，使得粮食作物在抗逆性、产量潜力方面优势尽显。同时，在农业机械化、智能化方面，邯郸走在前列，大型智能农机的精准作业确保了播种、施肥、收割等环节的高效精准，减少了资源浪费。

反观张家口市，多年来其单位面积粮食产量处于较低位置，2013年为0.35万吨/千公顷，2022年为0.42万吨/千公顷，提升幅度相对缓慢。这主要受制于当地特殊的自然条件，如海拔高、气候冷凉、土壤肥力相对较低等不利因素。但近年来，当地以农业创新为突破口，积极探索高寒地区特色农业之路，发展错季蔬菜、莜麦等特色作物种植，通过改良品种、采用生态种植技术，逐步提升单位面积产量，农业实现了从"劣势"到"特色"的转变，让有限的土地产出更高的效益。

表4-10　2013—2022年河北省11个地级市单位面积粮食产量（万吨/千公顷）

地区	年份									
	2013	2014	2015	2016	2017	2018	2019	2020	2021	2022
保定市	0.65	0.62	0.62	0.63	0.61	0.59	0.61	0.63	0.63	0.63
沧州市	0.53	0.50	0.49	0.51	0.49	0.48	0.50	0.51	0.51	0.52
承德市	0.50	0.41	0.40	0.46	0.46	0.50	0.51	0.51	0.51	0.52
邯郸市	0.72	0.70	0.70	0.69	0.68	0.65	0.65	0.68	0.68	0.69
衡水市	0.63	0.61	0.61	0.62	0.59	0.58	0.59	0.60	0.60	0.61
廊坊市	0.58	0.55	0.52	0.53	0.51	0.50	0.52	0.55	0.55	0.56
秦皇岛市	0.57	0.57	0.56	0.59	0.58	0.56	0.57	0.58	0.58	0.58
石家庄市	0.69	0.66	0.66	0.67	0.65	0.63	0.64	0.65	0.65	0.65
唐山市	0.63	0.62	0.62	0.63	0.60	0.58	0.59	0.59	0.60	0.60
邢台市	0.62	0.62	0.61	0.61	0.60	0.59	0.61	0.63	0.63	0.64
张家口市	0.35	0.33	0.33	0.35	0.34	0.37	0.38	0.41	0.40	0.42

（4）城乡收入比

城乡收入比是评估城乡经济协调发展的核心指标，在农业高质量发展进程中扮演着至关重要的角色。该比值较低意味着农村居民收入与城镇居民收入的差距相对较小，预示着农村经济与城市经济之间达到了发展更为均衡的状态。这种均衡状态对于促进资源在城乡间的合理分配至关重要，它有助于引导资金、技术、人才等关键要素向农村地区流动，从而为农业高质量发展提供坚实的支撑与保障。

从表 4-11 可看出，2013—2022 年，河北省各市的城乡收入比普遍呈现出下降趋势。这一趋势清晰地表明，河北省在推动城乡经济协调发展方面取得了显著成效，城乡之间的收入差距正在逐步缩小。这一积极变化不仅为农业高质量发展奠定了坚实基础，还为农村地区吸引外部资源，如资金注入、技术引进和人才集聚，创造了有利条件，进而推动了农业现代化与农村产业的深度融合发展。

尽管河北省城乡收入比整体呈现下降的积极态势，但各城市间的具体情况仍存在一定差异。例如，承德市、张家口市等城市的城乡收入比初始值相对较高，但近年来下降幅度显著，这反映出这些地区在城乡协调发展方面取得了长足进步，城乡经济差距正迅速缩小。相比之下，唐山市、保定市等城市的城乡收入比原本就处于相对较低水平，且持续呈现下降趋势，这进一步印证了这些地区在城乡经济协调性方面本就表现良好，且仍在不断优化和完善之中。

表 4-11 2013—2022 年河北省 11 个地级市城乡收入比（%）

地区	年份									
	2013	2014	2015	2016	2017	2018	2019	2020	2021	2022
保定市	2.28	2.23	2.24	2.21	2.18	2.15	2.09	2.02	1.97	1.93
沧州市	2.61	2.56	2.54	2.52	2.51	2.48	2.44	2.38	2.30	2.25
承德市	3.13	2.93	2.89	2.85	2.79	2.74	2.67	2.57	2.48	2.41
邯郸市	2.22	2.19	2.19	2.19	2.19	2.18	2.16	2.10	2.03	1.98
衡水市	2.48	2.42	2.39	2.36	2.34	2.30	2.27	2.20	2.11	2.05
廊坊市	2.47	2.43	2.43	2.42	2.42	2.40	2.38	2.32	2.25	2.20
秦皇岛市	2.67	2.61	2.61	2.61	2.61	2.58	2.55	2.48	2.39	2.34
石家庄市	2.48	2.43	2.46	2.47	2.47	2.45	2.43	2.37	2.30	2.26
唐山市	2.29	2.25	2.24	2.24	2.24	2.23	2.21	2.14	2.07	2.03
邢台市	2.44	2.40	2.39	2.39	2.38	2.33	2.29	2.22	2.14	2.09
张家口市	2.98	2.90	2.86	2.82	2.77	2.71	2.63	2.51	2.39	2.30

（5）城乡消费比

城乡消费比作为衡量城乡消费市场协调状态的关键性指标，在农业高质量发展的背景下具有举足轻重的地位。较低数值意味着农村居民与城镇居民之间的消费差距相对较小，城乡消费市场呈现更为均衡的发展态势。这一均衡状态不仅体现了农村消费市场的蓬勃活力与巨大潜力，还反映出农村居民消费能力与消费意愿的持续增强，以及与城市消费市场差距的逐步缩减。

从表4-12可看出，2013—2022年，河北省各城市的城乡消费比普遍呈现波动下降的趋势。这一趋势清晰地表明，河北省在促进城乡消费市场协调方面取得了积极且显著的成效，城乡居民之间的消费差距正在不断缩小。这一积极变化对于推动城乡经济的融合发展具有重要意义，为农业高质量发展营造了一个更加有利的市场环境。

值得注意的是，河北省各市之间在城乡消费比的初始值和下降幅度上存在差异。具体而言，承德市、张家口市等城市的城乡消费比初始值相对较高，但近年来下降幅度较大，这充分说明这些地区在城乡消费市场协调方面取得了较为显著的进步。相比之下，唐山市、邯郸市等城市的城乡消费比原本就处于相对较低的水平，且下降趋势较为稳定，这表明这些地区城乡消费市场的协调性原本就较好，且仍在持续优化之中。

表4-12　2013—2022年河北省11个地级市城乡消费比（%）

地区	年份									
	2013	2014	2015	2016	2017	2018	2019	2020	2021	2022
保定市	2.01	1.80	2.06	2.00	2.01	1.93	1.90	1.83	1.80	1.77
沧州市	2.30	2.10	2.15	2.28	2.46	2.42	2.38	2.18	2.07	2.03
承德市	2.77	2.59	2.39	2.52	2.35	2.54	2.48	2.31	2.08	2.02
邯郸市	1.93	1.94	1.87	1.90	1.81	1.77	1.73	1.67	1.69	1.66
衡水市	2.48	1.90	1.89	2.08	2.06	2.02	1.99	1.94	1.62	1.59
廊坊市	2.37	2.00	2.08	2.04	2.00	1.96	1.95	1.89	1.79	1.76
秦皇岛市	2.28	1.88	2.15	2.29	2.20	2.18	2.12	2.03	1.88	1.85
石家庄市	2.27	2.27	2.43	2.43	2.42	2.38	2.36	2.22	1.92	1.89
唐山市	1.75	1.84	1.91	1.91	1.91	1.89	1.87	1.80	1.68	1.65

续表

地区	年份									
	2013	2014	2015	2016	2017	2018	2019	2020	2021	2022
邢台市	2.08	2.06	2.02	2.08	2.10	2.04	1.90	1.89	1.67	1.64
张家口市	2.75	2.67	2.28	2.37	2.25	2.21	2.16	2.13	2.02	1.97

（6）单位面积化肥施用量

合理调控单位面积化肥施用量对维系土壤肥力与结构稳定性具有至关重要的作用。过量使用化肥会造成土壤板结，降低土壤透气性和保水性能，同时还会抑制土壤中微生物的生命活力，进而破坏土壤生态系统的平衡，对农业的长期稳定发展带来重大风险。此外，化肥的过度使用还可能使农产品中的硝酸盐等有害物质含量增加，威胁农产品的品质与安全性，进而对人体健康产生潜在危害。通过科学合理地控制化肥施用量，不仅可以提升农产品的品质，让农产品更加绿色、更加健康，能更好地满足消费者对绿色健康高质量农产品的需要，进而更好地推动农业的绿色发展。

从河北省的整体情况来看，2013—2022年，河北省全省单位面积化肥施用量总体呈现下降趋势，如表4-13所示。这充分表明河北省在农业生产实践中，对化肥的使用正逐渐趋向合理化和科学化。在农业生产过程中，河北省更加注重农业的绿色发展与生态环境的保护，力求在减少化肥投入的同时，实现农业生产与生态环境的和谐共生。在这一背景下，秦皇岛市与张家口市在单位面积化肥施用量方面呈现鲜明的对比。秦皇岛市的单位面积化肥施用量在考察期间相对较高，且在2013—2017年呈现波动上升的态势。这可能与该地区农业产业结构中高需肥作物的占比较大，或农业生产方式较为传统、对化肥的依赖程度较高有关。然而，自2017年起，秦皇岛市的化肥施用量逐渐下降，至2022年已显著降低。这一变化可能得益于当地积极响应农业绿色发展政策，大力推广化肥减量增效技术，如实施测土配方施肥、推广使用有机肥料和新型肥料，以及对农业种植结构进行优化调整等，从而有效控制了化肥的使用量，推动了绿色农业的发展。

相比之下，张家口市的单位面积化肥施用量始终保持在较低水平，且整体波动幅度较小。这可能与张家口市作为重要生态涵养区的特殊地位密切相关。长期以来，张家口市高度重视生态环境保护，对农业生产中的化肥使用实施严格管控，积极引导农民采用绿色生态的种植模式，如发展有机农业、生态循环农业等，从而有效降低了作物对化肥的需求。同时，当地的农业产业布局可能更倾向于种植对化肥需求相对较低的特色农产品，这些因素共同作用，使得张家口市在单位面积化肥施用量上始终保持较低水平，为区域生态环境的维护与农业可持续发展奠定了坚实基础。而张家口市的单位面积化肥施用量始终处于较低水平，从 2013 年的 0.16 吨/千公顷到 2022 年的 0.19 吨/千公顷，整体波动幅度较小。这可能归因于张家口市作为重要的生态涵养区，长期以来高度重视生态环境保护，对农业生产中的化肥使用有着严格的管控措施，积极引导农民采用绿色生态的种植模式，如发展有机农业、生态循环农业等，减少了对化肥的需求。同时，当地的农业产业布局更倾向于对化肥需求相对较低的特色农产品种植，这些因素共同作用，使得张家口市在单位面积化肥施用量上一直保持着较低的水平，为区域生态环境的维护和农业可持续发展奠定了良好基础。

表 4-13　2013—2022 年河北省 11 个地级市单位面积化肥施用量（吨/千公顷）

地区	年份									
	2013	2014	2015	2016	2017	2018	2019	2020	2021	2022
保定市	0.38	0.39	0.39	0.40	0.42	0.40	0.40	0.37	0.36	0.35
沧州市	0.28	0.28	0.29	0.28	0.30	0.29	0.28	0.27	0.25	0.25
承德市	0.29	0.29	0.29	0.28	0.30	0.28	0.26	0.25	0.24	0.23
邯郸市	0.45	0.46	0.46	0.46	0.45	0.44	0.44	0.42	0.41	0.40
衡水市	0.33	0.34	0.35	0.35	0.31	0.37	0.36	0.34	0.33	0.33
廊坊市	0.35	0.35	0.36	0.36	0.38	0.35	0.35	0.34	0.33	0.32
秦皇岛市	0.67	0.69	0.67	0.66	0.70	0.66	0.60	0.58	0.55	0.53
石家庄市	0.48	0.49	0.50	0.49	0.52	0.45	0.44	0.43	0.42	0.41
唐山市	0.48	0.48	0.47	0.48	0.53	0.56	0.49	0.46	0.45	0.44
邢台市	0.35	0.36	0.36	0.35	0.34	0.32	0.31	0.31	0.30	0.30
张家口市	0.16	0.16	0.16	0.16	0.15	0.20	0.20	0.20	0.19	0.19

（7）技术市场成交额

技术市场成交额是指在一定时期内，通过技术市场签订的技术合同的总成交金额。这一指标反映了技术市场的活跃程度和技术创新的交易规模，是衡量一个地区科技创新能力和技术转移效率的重要指标之一。

在农业高质量发展的背景下，技术市场成交额具有重要的创新基础意义。其一，较高的技术市场成交额表明该地区的技术创新活动频繁，技术交易活跃，能够促进农业科技成果的转化和应用。其二，技术市场成交额的增加可以吸引更多的科研机构和企业投入农业技术创新中，推动农业技术的不断进步和升级。此外，技术市场成交额的提升还能够促进农业产业链的延伸和升级，提高农业的整体效益和竞争力。

河北省的技术市场成交额整体呈现出显著的增长趋势，从2013年的31.56亿元到2022年的1003.83亿元，如图4-1所示。其中，2013—2015年河北省技术市场成交额相对较低且增长平缓，反映出当时农业创新还处于起步蓄力阶段。创新主体间的协作尚不够顺畅，农业技术研发多集中于传统领域，新技术的商业化转化效率不高。但自2016年起，成交额加速攀升，这与国家大力推进农业现代化、河北省出台一系列鼓励科技创新政策的时间节点相契合。政策红利激发了市场活力，吸引了大量人才、资金向农业科技领域汇聚，催生了一大批诸如智慧农业大数据平台、农业废弃物资源化利用技术等新兴创新方向，促使农业生产方式从粗放向精准、绿色、智能加速转变。

技术市场的繁荣活跃还反映着河北省农业创新生态系统的逐步完善。随着成交额的增长，科研机构、高校以及涉农企业之间的互动越发紧密频繁。高校与科研院所凭借深厚的学术积淀和前沿的科研能力，源源不断产出农业新技术、新理论；企业则敏锐捕捉市场需求，将这些前沿成果引入实际生产，转化为现实生产力。三者之间以技术市场为纽带，形成了从知识创造到技术转化再到商业应用的完整闭环，极大地加速了河北省农业创新成果的落地生根。

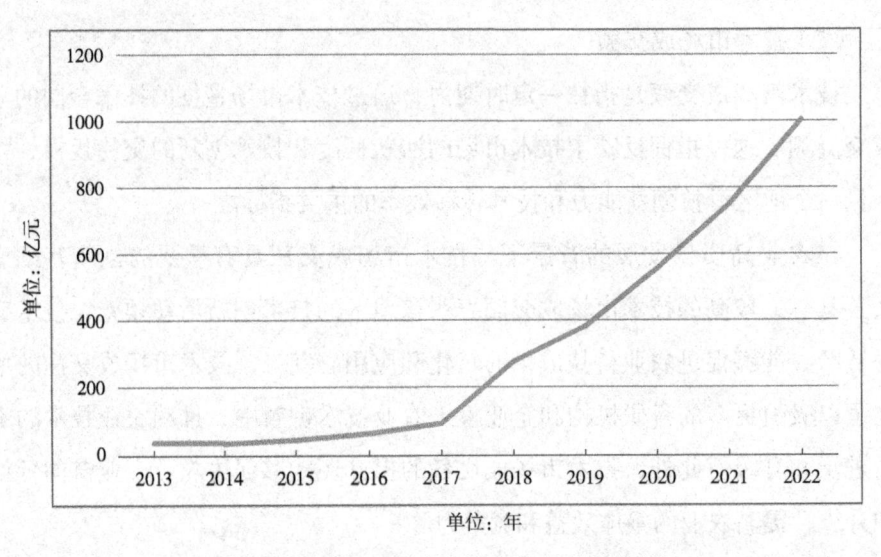

图 4-1 2013—2022 年河北省技术市场成交额

（8）农村居民人均可支配收入

农业高质量发展的核心归宿在于提升农民的生活质量，而农民收入状况则是评估农民生活质量变化的关键维度。农村居民人均可支配收入作为衡量农业共享发展成果及农民生活水平提升的关键指标，直接体现了农民在特定时期内可用于消费与储蓄的实际收入水平，是衡量农民经济状况改善的核心标尺。较高的人均可支配收入意味着农民拥有更多资源用于改善居住条件、提升教育与医疗水平、丰富精神文化生活以及扩大农业生产投资，从而实质性增进生活质量和福祉，推动农业与农村社会的全面发展与共享繁荣。

如表 4-14 所示，2013—2022 年，河北省农村居民人均可支配收入呈现持续稳步增长的态势。这一趋势反映出，过去十年全省农村经济实现了持续健康发展，农业产业结构不断得到优化升级，一系列强农、惠农、富农政策得以有效实施，为农民增收营造了良好的外部环境，促使农民收入水平逐年稳步提高，整体生活质量逐步改善。

具体而言，唐山市在这十年间农村居民人均可支配收入始终保持在较高水平，并呈现显著的增长趋势。2013 年，唐山市农村居民人均可支配收入为 11 674 元，此后逐年攀升，至 2022 年已达到 24 255 元。这一显著增长得益于唐山市强大的工业基础对农村经济的辐射与带动作用，促进了农村产业多元化发展，如农产品加工业、乡村旅游等领域都发展较好，为农民提供了不少就业机会和经济收入。同时，唐山市在推动农业现代化过程中也非常积极，加大了农业科技的投入，提升了农业生产效率和农产品的附加经济效益，进而让农民的收入更加的稳定。相比之下，张家口市农村居民人均可支配收入在全省范围内处于相对较低水平。2013年，张家口市农村居民人均可支配收入为6 583元，虽然在后续年份有所增长，但增速相对较慢，至2022年达到17 210元。这一状况可能与张家口市的地理环境及产业结构特点有关。张家口市地处山区，自然条件相对严酷，农业发展受到一定制约，传统农业占比较大，产业转型进程相对滞后。然而，近年来，随着京津冀协同发展战略的深入实施，张家口市加大了对生态农业、特色农产品种植等方面的扶持力度，农村基础设施建设不断完善，电商等新兴业态逐渐兴起，为农村居民收入增长带来了新的契机与动力，农民收入水平也在逐步提升之中。

表4-14 2013—2022年河北省11个地级市农村居民人均可支配收入（元/人）

地区	年份									
	2013	2014	2015	2016	2017	2018	2019	2020	2021	2022
保定市	8 649	9 704	10 558	11 612	12 779	14 108	15 618	16 883	18 957	20 341
沧州市	8 470	9 442	10 389	11 340	12 363	13 516	14 854	15 909	17 547	18 617
承德市	6 031	7 163	7 923	8 736	9 682	10 804	12 101	13 190	14 852	15 966
邯郸市	9 307	10 343	11 247	12 153	13 151	14 307	15 695	16 888	18 796	20 056
衡水市	7 182	8 104	9 030	10 069	11 194	12 493	13 917	15 100	16 912	18 147
廊坊市	10 985	12 115	13 159	14 286	15 487	16 865	18 467	19 723	21 735	23 039
秦皇岛市	9 007	9 964	10 782	11 621	12 563	13 719	15 035	16 088	17 793	18 879
石家庄市	9 682	10 691	11 442	12 345	13 345	14 518	15 853	16 947	18 676	19 834
唐山市	11 674	12 867	13 935	15 023	16 229	17 656	19 316	20 687	22 839	24 255
邢台市	7 446	8 342	9 152	10 006	10 999	12 287	13 798	14 943	16 438	17 457
张家口市	6 583	7 462	8 341	9 241	10 293	11 531	12 973	14 166	15 979	17 210

（9）农村居民教育文化娱乐支出占比

农村居民教育文化娱乐支出占比作为农业高质量发展共享的一个表现指

标，农村居民教育文化娱乐支出占比是衡量农村公共服务水平与质量的关键指标之一。该指标的高低直接反映了农村地区在教育资源配置、文化设施构建及娱乐活动组织等方面的成效与基础，是农业共享发展理念在农村公共服务领域具体实践的重要体现。较高的教育文化娱乐支出占比，不仅意味着农村地区在这些方面已具备一定的物质基础与成效，能够满足人民日益增长的精神文化需求，还象征着农村金融服务体系的不断健全与完善，使农民能够享受到更加接近城市居民水平的公共服务。

如图4-2所示，2013—2022年，河北省农村居民教育文化娱乐支出占比整体呈现一定的波动变化趋势。前期从2013年的0.09逐步上升至2018年的0.10，2019年达到0.11的相对峰值，之后有所回落并在0.09至0.10之间波动。这一波动反映出河北省农村公共服务在这十年间不断调整与发展的过程。

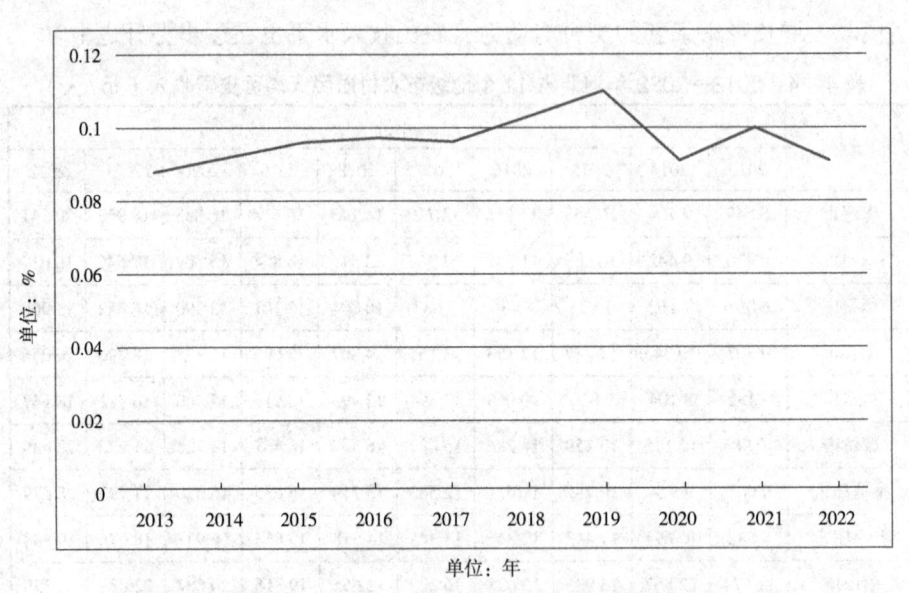

图4-2 2013—2022年河北省农村居民教育文化娱乐支出占比

早期这一占比的稳步上升，说明河北省在农村教育和文化娱乐公共服务方面投入在逐渐加大，并且成果开始显现。比如，在教育方面，更多农村学校改善了教学条件，师资力量也得到一定补充，使得农民愿意增加教育投入。文化娱乐上，乡村文化广场、农家书屋等设施不断增多，文化活动日益丰富，刺激了村民的文化娱乐消费意愿。2019—2022年，农村居民用于文化娱乐的支出占比降低，可能是受宏观经济下行的影响。

（10）地区进出口总额与地区总产值比

地区进出口总额与地区总产值比作为一个衡量地区对外贸易依存度的指标，是农业高质量发展开放的一个表现指标，指标比重越高，说明该地区的对外贸易依存度越大。反之，比重较低则表明该地区经济发展相对独立。

如表4-15所示，2013—2022年，河北省地区进出口总额与地区总产值比整体处于波动状态，且呈现一定的增长趋势。这一波动反映出河北省地区进出口总额和地区总产值在这十年间不断调整与发展。

表4-15 2013—2022年河北省11个地级市地区进出口总额与地区总产值比（%）

地区	年份									
	2013	2014	2015	2016	2017	2018	2019	2020	2021	2022
保定市	5.46	8.67	8.48	7.06	10.43	8.91	9.97	7.74	9.34	10.34
沧州市	2.01	2.23	4.03	5.57	6.45	8.63	10.34	8.60	8.98	10.98
承德市	5.99	6.39	4.94	3.38	1.85	1.44	1.53	1.05	1.21	1.25
邯郸市	5.77	7.13	6.34	5.37	4.03	0.63	5.38	5.82	6.79	7.77
衡水市	2.43	14.92	11.44	7.58	12.75	13.81	15.54	15.09	14.07	14.64
廊坊市	3.70	12.02	11.93	12.15	12.53	14.83	11.03	11.89	14.36	15.18
秦皇岛市	20.88	15.55	18.94	21.27	22.39	5.48	22.25	21.30	21.75	23.73
石家庄市	13.73	16.99	15.11	12.92	14.32	15.05	20.29	22.60	22.82	17.39
唐山市	9.00	16.54	14.22	11.11	9.42	8.63	10.65	14.16	17.26	17.30
邢台市	8.19	8.16	7.78	7.10	6.41	1.04	7.30	7.72	8.49	8.74
张家口市	7.90	5.93	4.76	3.40	2.23	0.44	2.06	2.44	2.98	3.10

4.2.3　数智化赋能农业高质量发展现状

河北省作为农业大省，在数字化智能化时代背景下，面临着提高农业生产效率、优化农业结构、保障农产品质量与安全等多重挑战。同时，随着社会经济的发展和人民生活水平的提高，人们对农产品的需求也变得多样化和精细化。因此，河北省现代农业高质量发展需要借助先进科技手段，实现农业生产的高效、优质、可持续。数智技术通过数字化设计、控制和管理等手段，能够大幅提升农业生产的效率。

（1）政策支持

从河北省数智化赋能农业高质量发展的演变、河北省数智化与农业高质量发展数据分析可以看出，河北省自从把数智化农业作为农业新的发展方向后，出台了一系列政策措施，以鼓励其健康发展，并制定了相关规划以指导数智化农业产业体系的建设。如《河北省数字经济发展规划（2020—2025年）》《河北省智慧农业示范建设专项行动计划（2020—2025年）》，明确提出要推动农业生产数字化智能化发展，对技术和管理都提出要求，同时制定了具体的实施路径和措施。规划将农业领域的数字经济发展纳入全省数字经济发展的大盘中。这意味着数智化农业不再是孤立发展，而是与工业、服务业等其他领域的数字化进程相互协同。政府在税收优惠、财政补贴等方面给予支持，鼓励河北农业企业投入资源进行数字化和智能化改造。对于研发和应用数智化农业技术的企业，河北省可以给予研发费用加计扣除、购置设备补贴等优惠政策，以降低企业的发展成本，提高其积极性。

（2）基础设施建设

河北省数智化农业基础设施方面，目前5G网络已覆盖到众多农村地区，为农业生产中的远程监控、智能控制等操作提供了高速、低时延的网络支持。例如，在一些大型农场和种植基地，工作人员可以通过5G网络实时查看农作物的生长情况、土壤湿度、温度等信息，并远程控制灌溉、施肥等设备，这有助于农业生产效率和农业精准度的提升。全省光缆线路总长度达到272.90万公里，为农业数据的传输提供了稳定、高速的通道，使得农业生产过程中产生的大量数据能够快速、准确地传输到数据中心和云计算平台进行处理和分析，为农业生产的科学决策和判断提供数据上的支撑。河北省在张家口、廊坊、保定等地区积极建设数据中心。截至2023年底，张家口投入运营27个数据中心、33万架标准机柜、153万台服务器，算力规模达到 7 600PFlops，其中多个项目入选全国一体化大数据中心建设示范项目和国家绿色数据中心名单。这些数据中心为云计算平台的运行提供了强大的硬件支持，云计算平台则为河北农业企业和农户提供了数据存储、处理和分析服务。例如，一些农业科技公司利用云计算平台对农作物的生长数据进行分析，为农户提供精准的种植建议和病虫害防治方案，提高了农作物的产量和质量。

然而在农村地区农业生产基地的 4G 信息是存在盲区的，还无法做到全面覆盖，部分农村地区的 5G 基站、光纤宽带、物联网设施等新基建数量和布局都有一定的不足，亟待完善，这导致部分区域网络信号覆盖较差，尤其是一些偏远山区、零散村落等。网络带宽不足、稳定性差，则限制了数智技术的应用和数据传输。最终导致农业生产过程中一些需要数据实时传输和远程控制的设备无法正常运行，影响了数智化农业的推广。例如，一些偏远地区的农田和养殖场尚未实现 5G 网络覆盖，影响了智能设备的联网和数据传输。还有一些山区的果园，由于网络信号差，智能监控设备无法将数据实时传输到管理平台，影响了对果园环境和果树生长状况的及时监测和管理。数智化农业设备需要稳定的电力供应，但部分农村地区电力设施老化、供电能力不足，在用电高峰期或恶劣天气状况下容易出现停电现象，影响数智化农业系统的正常运行，降低了农业生产效率。比如一些智能温室在冬季用电量大时，可能会因电力不足导致供暖设备无法正常工作，影响农作物的生长。农村地区的交通、物流等基础设施的数字化建设相对滞后。例如，部分乡村道路的信息化管理不足，物流配送的信息化跟踪和调度系统不完善，使得农产品的运输效率较低，增加了农产品的运输成本和损耗，也影响了数智化农业产业链的顺畅运行。农村地区的交通、通信等基础设施建设水平跟城市相比还是有很大的差距，特别是数字基础设施如 5G 网络覆盖、智能物流系统的建设尚需加强，这直接影响了数智化农业技术的应用效果。

（3）河北省产业融合与发展

河北省积极推动农业与第二、三产业的融合发展，初步形成数智化农业产业体系。一方面，河北省通过推广认养农业、观光农业、都市农业等基于互联网的新业态，拓展农业产业链的宽度和深度。另一方面，河北省还加强农业与工业、服务业等领域的深度融合，推动农产品加工、储藏、物流、销售等环节的数字化改造和升级。河北农信所建成了市场供需预测系统，并创新性探索"三报+预警"模式，即发布农产品价格波动周报、市场供需月报、行业分析年报和产业预警信息。市场供需预测系统会定期向企业推送关注度高的产业形势、区域市场变化、投资风险评估等产业信息，建立长期信息互通和服务长效机制；通过对接省内合作社、收购商、研究室及时掌握全省粮源分布、品质反馈、国内外市场动态等信息，为政府管理部门提供高质量信息决策咨询提供数据支撑。农信所已经与邢台柏乡县金谷源优质小麦专业合作社、河北庄润食品有限公司等多家小麦产业经营主体建立长期合作关系，产业动态信息已成为企业开展农业生产、筛选技术类型的重要参考依据。然而，仍存在农业产业与数智化融合度不高，农业产业数字化水平低，数字产业化落后、农业产业融合应用场景也不多，数字经济在农业中的占比远远低于工业和服务业的问题。乡村数字化治理水平也偏低，与城市相比差距非常大。融合应用的不足导致数智技术在农业生产中的价值未能得到充分发挥，影响了农业产业的转型升级和农村经济的发展。而且农业数智化发展不仅需要农业内部的产业链整合，还需要与第二、三产业深度融合。但目前，河北的农业与加工业、农业与服务业等之间的融合还处于初级阶段，缺乏有效的产业协同机制，导致农业数智化的附加值不高，产业发展的整体效益难以提升。而且融合过程中也面临一些问题，如缺乏统一规划，旅游设施与农业生产设施之间的布局不够合理，这对农业生产本身可能造成一定干扰。

（4）数据采集和分析能力

在农业生产过程中，数据的采集和分析是数智化应用的关键。但目前河北农业的数据采集点分布不够广泛，数据的准确性和完整性有待提高。同时，数据分析技术相对薄弱，缺乏专业的数据分析人才和工具，难以对大量的农业数据进行深入挖掘和分析，无法充分发挥数据的价值。例如，只是简单地利用数据进行农作物的生长监测和产量预测，而没有进一步分析数据背后的农业生产规律、市场需求趋势等，无法为农业生产决策提供更有力的支持。

（5）智慧农业示范区建设和技术应用

河北省建立智慧农业示范区，河北数字政府积极推动智慧农业的发展，通过应用物联网、大数据、人工智能等先进数智技术，建设智慧农业示范区，实现农业生产的精准化、智能化管理。例如，由沧州运河区委和区政府联合指导的沧州印象大运河项目，它是一座农业生态文化产业园，其配备的智能温室大棚采用物联网控制系统技术，给农业生产带来了显著变化。该系统能够对大棚内的温度、湿度、光照强度和二氧化碳浓度等数据进行实时的、精准的测量与分析，分析数据可以为蔬菜最佳生长环境提供参考。此外，温室大棚实现了农业的生产自动化、管理的智能化，精准施肥，比人工操作的精确度更高，解决了劳动成本，让农作物的产量和蔬菜的品质都得到了有效的改善。然而整体技术应用与研发方面还处于初级阶段，农业数据采集过程中，由于传感器精度、数据采集频率、环境干扰等因素，导致数据存在误差、缺失等问题，影响数据的准确性和可靠性。例如，在农业遥感技术应用中，对农作物病虫害的监测和诊断可能会出现误判或漏判的情况；在智能灌溉系统中，传感器对土壤湿度的检测可能受到土壤质地、温度等因素的影响，导致采集的数据不能准确反映土壤的实际墒情。

（6）农业传感器、智能装备

在农业传感器、智能装备等方面，河北省乃至全国仍存在一定的技术短板。例如，当前传感器存在国产化水平不高、精确度有待提高、集成度和抗逆性都不够强等问题。此外，针对动植物的本体传感器基本处于空白状态，专用智能芯片的研发和动植物生长模型的构建也是亟待解决的技术难题。河北省乃至全国的关键数智化农业技术和设备仍依赖进口，农业自主研发能力不足，缺乏具备自主知识产权的农业专用传感器，农业机器人、智能农机装备的适应性都较差。而一些高精度的农业传感器、智能农业机器人的核心部件主要依靠国外进口，一旦这些部件出现故障，维修所需的零部件需要从国外采购，周期长且成本高。而且，国外厂家对核心技术保密，企业很难进行自主的技术改进和升级，无法根据当地粮食作物的品种特点和种植模式进行优化。创新能力的不足也限制了数智技术在农业生产中的深入应用，影响了农业生产的智能化和自动化水平。而且目前河北省内、国内的相关研究还存在技术研发与实际需求结合不紧密的现象。例如，部分农业智能设备的功能设计过于复杂，操作不便，不适合当地农民的使用习惯和农业生产特点，导致设备的利用率不高。

（7）数智化资金支持与人才培养

河北省设立了数字乡村建设专项基金，支持河北农业企业购置智能设备、建设物联网系统和大数据平台。例如，唐山市乐亭县智慧农业示范园获得了100万元的数字乡村建设专项基金支持。园区通过物联网技术，实时监测农田环境参数，实现精准灌溉和施肥，生产效率提高30%，农产品品质显著提升，市场竞争力增强。河北数字政府还积极推动农村金融服务与支持的创新性发展，通过数字化手段为农村提供更加便捷、高效的金融服务。例如，保定、石家庄、唐山、廊坊、衡水、邢台等地区引入了网商银行"大山雀"卫星遥感风控系统，系统可以获取种植大户的作物全生长周期遥感影像，联合农业农村部大数据发展中心土地确权数据，提供农户授信策略，包含其可信任、可追溯的数据源，把这些作为为农户提供精准融资支持的依据，有效解决农业上融资难和融资贵的问题。

人才培养方面，河北省教育厅制定了2024—2026年新型职业农民培养行动计划，这个计划的目的是提高农民的综合素质。农民的职业技能和农业生产经营能力。每年扶持国家和省乡村振兴重点帮扶县中的20个县（区）级职业技术教育中心，按照每校每年至少新增培养培训300人的计划要求，培育出一批新型职业农民和乡村振兴带头人。该计划推动了农业教育的普及和提升，为农业现代化提供了有力的人才支撑。河北省在数智农业方面，通过提供技术方面的培训以及政策上支持，培育一批懂农业新技术、会进行实际操作的新型农民团队，这些新型农民团队不仅掌握了较为先进的数智技术和拥有先进的管理思想，还具有较强的市场意识和创新能力。让他们成为现代农业高质量发展的重要推动力量。而科学种植、精准养殖等模式可以让农业生产效率和农产品质量得到提升。宁晋县是河北省重要的粮食和蔬菜生产基地。为提升农业技术水平，县政府大力开展新型职业农民培训，与河北农业大学合作，开设农业技术培训班，涵盖种植、养殖、病虫害防治等多个领域的课程，通过实地教学、在线课程、技术咨询等多种培训形式，提高农民的技术水平和管理能力。在此基础上，宁晋县培养了一大批新型职业农民，他们在科学种植、精准养殖等方面表现出色。新型职业农民通过成立合作社，实现了规模化生产和销售，提高了经济效益。

（8）不足之处

虽然政府和社会资本对农业数智化的投入逐年增加，但在某些关键技术的研发、基础设施建设和人才培养等方面的资金支持仍显不足，投入不足导致数智技术在农业生产中的普及程度不高，影响了农业生产效率的提升和农业现代化的进程。数智化农业推广所需同样成本高昂，包括智能设备购置、系统维护、人员培训等费用。由于数智化农业项目周期较长，投资回收期也较长，时间上的限制导致风险也较大，社会资本投入的热情就不高，导致农村基础设施缺口不断增大。尽管政府已经采取了一系列措施支持数智化农业发展，但财政力量终究有限，难以满足数智化农业发展的需求。特别是在一些经济欠发达地区，政府的财政资金本身比较紧张，对数智化农业的投入力度就比较少，这也是导致欠发达地区数智化农业发展缓慢的原因之一。

与此同时，河北省农业从业者以中老年人为主，从业人员文化水平有限，他们接触现代化技术的机会相对较少，数字素养普遍不高，对数智技术的接受程度和应用能力较低。很多农民缺乏基本的信息技术知识和技能，不熟悉智能设备的操作和数字平台的使用，这在一定程度上制约了数智化农业的普及和发展。而且一小部分农业从业者的思想比较落后，认为经验比机器更是当地的农业生产环境，不能充分认识到数智化农业的重要性，缺乏采用新技术、新设备的动力。一些农民对新技术持怀疑态度，担心技术复杂、操作困难，不愿意尝试。还有一些农民缺乏足够的技术培训，无法熟练掌握和应用数智化设备和技术。农民对大数据分析、云计算等技术的应用还不够广泛，很多农民仍然依赖传统的农业生产方式。人才培训体系并不完善，针对农业从业者的数智技术培训不足，并且培训内容和方式不能满足实际需求。例如，现有的农民培训内容较为单一，缺乏针对数智技术的专项培训。培训活动主要集中在一些示范点，覆盖面较窄，缺乏实用性，无法惠及更多的农民。数智化农业的发展需要的是复合型人才，既要懂农业，又要懂信息技术，但当下河北省这类人才处于严重短缺状态。

上述情况产生的原因是，一方面，农业院校的相关专业设置和课程体系不够完善，培养的农业人才信息技术能力不足；另一方面，农村地区的工作环境和待遇条件相对较差，难以吸引和留住高素质的数智化人才。这不仅是技术层面的问题，也涉及教育和培训体系的建设和完善。一是，数字化人才的缺乏限制了数智技术在农业生产中的推广和应用，影响了农业生产效率的提升和农业现代化的进程。二是，产学研合作不够深。高等院校、科研院所和企业之间的产学研合作深度还有待提高，缺乏有效的合作机制和平台。科研成果的转化率较低，很多先进的技术和设备还停留在实验室阶段，未能广泛应用到农业生产实践中。企业在技术研发和创新方面的能力同样不足，影响了数智化农业技术的创新和应用。

4.3 本章小结

本章分析了河北省数字农业发展的三个阶段，分别是探索期、快速发展期、深入发展期三个阶段。具体来看，在探索期（2010—2018年初），河北部分地区开始进行农业信息化基础设施的建设，包括农村地区网络覆盖的初步推进、一些农业信息服务平台的搭建等。在快速发展期（2018—2022年），物联网技术在农业生产领域的应用日益广泛且深入。在农业中开始使用物联网技术，对温度、湿度、光照等关键环境参数进行实时监测，让农业从粗放式逐渐向智能化和精准化发展。在深入发展期（2023年至今），河北省的数智技术已经在农业全产业链上渗透，包含了农产品的种植、养殖、加工、运输、销售等各个环节，进一步实现了数智化的管理。同时，本章从数字化与智能化两个方面分析了河北省数智化发展水平，从创新、协调、绿色、开放、共享五个方面分析了河北省农业高质量发展水平，并总结了当前河北省数智化与农业高质量发展的现状。

第5章 河北省数智化赋能农业高质量发展实证分析

本章从实证角度分析数智化与农业高质量发展的内在关联性，既是对前文理论分析的验证，又进行了进一步拓展，例如分析数智化对农业高质量发展的非线性关系等，以对二者关系进行更加深入的研究，构建河北省11个地级市的数智化与农业高质量发展指标体系。研究的时间跨度是2013—2022年，时间的连续性可以很好地分析河北省11个地级市农业高质量发展的内在连续性，建立固定效应模型、门槛检验、稳定性检验等，并分析数据的显著性，为研究其实现路径提供依据。因而，本章在前文的理论分析基础上，从研究假设、研究设计、实证分析以及结论四个部分展开分析：一是基于理论分析与现有研究成果，本章提出数智化促进农业高质量发展的系列假设；二是详细阐述指标体系的构建原则、数据来源及处理方法、模型设定等研究设计细节；三是通过实证分析结果，展示数智化对农业高质量发展的影响路径与效应大小；四是总结实证发现，为后文探讨数智化赋能农业高质量发展的实现路径提供实证基础。

5.1 研究假设

农业生产管理正在经历一场前所未有的智能化、精细化的变革。这一转变不仅体现在农业从传统的人工耕种向数智化机械播种收割的跨越，更在于其生产模式的全面升级,从精准农业迈向智慧农场的新场景。此外,农业大数据平台的搭建,更是为农业生产提供了前所未有的决策支持。海量数据的收集与分析,使得农业生产决策更加科学、精准。无论是作物种植结构的优化、市场需求的预测,还是灾害风险的评估与应对,大数据都发挥着不可替代的作用,推动农业向更高效、更智能的方向发展。因此,研究提出假设一:数智化对农业高质量发展有推动作用。

数智技术应用的不断深入,有可能会遇到基础设施不完善、技术迭代速度快、投资回报周期长、农民操作技能不匹配等困难挑战,导致数智化对农业高质量发展的推动作用逐渐放缓甚至停滞。数智技术的选择与应用需考虑农业生产的特殊性,如作物生长周期、土壤条件、气候条件等,以确保技术的适用性与有效性。随着技术的逐渐普及、配套设施的完善和农民技能的提升,数智化的作用会逐渐增强,但当技术应用达到一定饱和程度后,其边际效益可能会递减,从而呈现出非线性关系。数智化对农业高质量发展的作用受到社会维度的调节,如地区的经济发展水平、政策支持力度和自然条件等。经济发达地区具备更好的技术研发和应用条件,其数智化与农业高质量发展之间的正向关系可能更为显著;而经济相对落后地区由于资金、人才等资源的限制,其数智化的促进作用可能受到抑制,呈现出复杂的非线性关系。因此,研究提出假设二:数智化对农业高质量发展的影响呈现出复杂多维的非线性关系。

不同区域的农业资源如土地资源、水资源和气候条件等也都存在差异,在土地资源丰富的东北地区,大型智能农机具的应用更为广泛,有利于实现大规模机械化作业和精准农业管理,提高粮食生产效率和质量。在水资源匮乏的西北地区,智能灌溉系统对于提高水资源利用效率和保障农业生产具有关键作用。但由于水资源总量的限制,数智技术在扩大农业生产规模方面的作用相对有限,更多地体现在提高单产和优化用水结构上。东部沿海发达地区经济实力雄厚,在农业数智化方面的投入较多,拥有更先进的技术设备和高素质的农业人才。这些地区的农业企业和农户能够更好地利用大数据、人工智能等技术优化生产和经营管理,实现农业的高效、绿色和可持续发展。

相比之下，中西部地区由于历史、地理及经济发展等多重因素，其经济发展水平相对滞后，这在很大程度上制约了农业数智化基础设施的建设进程。这些地区往往面临资金短缺、技术积累不足等问题，导致数智化基础设施建设，如高速网络覆盖、智能感知设备部署、农业大数据平台建设等，相较于东部地区存在明显差距。这种基础设施的滞后直接限制了数智技术在农业生产中的广泛应用和深度整合。此外，中西部地区的农民群体对于数智技术的认知程度和应用能力也普遍较低。一方面，由于教育资源分配不均，农民接受新技术培训的机会有限，对物联网、大数据、云计算等前沿科技的理解和应用存在障碍；另一方面，长期形成的传统农业生产习惯，使得农民对新技术的接受度和采纳意愿不高。因此，研究提出假设三：数智化对农业高质量发展的作用有差异性。

在数智化应用时代的背景下，数字普惠金融在一定程度上可以促进农业高质量发展。数字普惠金融通过数字化平台的形式，让农业经营主体在平台上申请，减少了烦琐的手续，为其提供了便捷的服务，能有效降低传统金融服务的门槛，降低各地域空间和规模的限制，拓宽农业生产经营者的有效融资渠道，为农业生产过程的各个环节提供足够的资金支持，用于购买生产所需的数智化机器设备，降低劳动强度，提高农户的工作积极性，从而促进数智化在农业领域的推广和应用，进一步推动农业高质量发展。数字普惠金融不仅仅能够让金融资源在城乡均衡中发挥作用，还能够推动城乡金融服务的科学化发展，为城乡经济的深度融合与协同发展提供了坚实的金融支撑。因此，研究提出假设四：数字普惠金融能调节数智化与农业高质量发展之间的关系。

5.2 研究设计

5.2.1 模型构建

首先，在上述理论分析的基础上，本研究建立了如下模型：

$$Ag_{it}=\alpha_0+\alpha_1 Di_{it}+\alpha_2 Z_{it}+\mu_i+\delta_i+\varepsilon_{it} \tag{5-1}$$

其中，Ag_{it} 是地区 i 在 t 期的农业高质量发展水平指数，是 Di_{it} 地区 i 在 t 期的数智化发展水平指数，Z_{it} 代表控制变量，μ_i 表示个体固定效应，δ_i 为时间固定效应，ε_{it} 是模型的随机扰动项。

其次，在前文理论分析中，由于互联网的"梅特卡夫法则"和"网络效应"，有可能会出现数智化对农业高质量发展具有"边际递增"的非线性作用。鉴于此，本研究建立了如下门槛模型：

$$Ag_{it} = \gamma_0 + \gamma_1 Di_{it} \times I(Df_{it} \leq \emptyset) + \gamma_2 Di_{it} \times I(Df_{it} > \emptyset) + \gamma_3 Z_{it} + \mu_i + \delta_i + \varepsilon_{it} \tag{5-2}$$

在式（5-2）单门槛模型中，Df_{it} 为数智化发展水平的门槛变量，$I(\cdot)$ 是取值为 0 或者 1 的指标函数，若满足括号内的条件时，该函数取值为 1，不满足则为 0。当然，也可根据样本数据的实证情况扩充至多门槛模型。

此外，为探究数字普惠金融在数智化与农业高质量发展关系中的影响，设定调节效应模型如下：

$$Ag_{it} = k_0 + k_1 Di_{it} + k_2 Di_{it} \times df_{it} + k_3 Z_{it} + \mu_i + \delta_i + \varepsilon_{it} \tag{5-3}$$

式（5-3）中，df_{it} 为调节变量数字普惠金融指数。

5.2.2 变量测度与说明

（1）数智化发展水平的测度

本研究借鉴唐岳曦、蔡湘的研究构建数字化与智能化评价指标体系，加之对数据的可获得性的考虑，并为贴合本研究的内容，将数智化发展水平分为数字化和智能化两个维度，其中数字化包括数字规模和数字应用两个部分，数字规模包括 2013—2022 年河北省 11 个地级市电信业务占各地区 GDP 比重和邮政占各地区 GDP 比重两个指标；数字应用包括移动电话用户数和互联网宽带接入用户数两个指标。智能化部分选取了 5G 专利授权数量、区块链专利授权数量、人工智能专利授权数量作为测算指标。具体基础指标如表 5-1 所示。

表 5-1　数智化发展水平评价体系

指标	一级指标	二级指标	三级指标	单位	属性
数智化发展水平	数字化指标	数字规模	电信业务占各地区 GDP 比重	%	+
			邮政占各地区 GDP 比重	%	+
		数字应用	移动电话用户数	万户	+
			互联网宽带接入用户数	万户	+
	智能化指标	智能化专利数量	5G 专利授权数量	件	+
			区块链专利授权数量	件	+
			人工智能专利授权数量	件	+

首先，采用熵值法确定每一个评价指标的客观权重，具体确定权重的步骤如下：

根据每一个指标含义的不同，将其分为正向指标和逆向指标，其中正向指标取值越大越好，逆向指标取值越小越好，然后分别通过下式进行标准化：

正向指标：
$$x_{ij} = \frac{x_{ij} - \min\{x_j\}}{\max\{x_j\} - \min\{x_j\}} \quad (5-4)$$

负向指标：
$$x_{ij} = \frac{\max\{x_j\} - x_{ij}}{\max\{x_j\} - \min\{x_j\}} \quad (5-5)$$

其中，$\max\{x_j\}$ 是指标在样本期内的最大值，$\min\{x_j\}$ 是指标在样本期的最小值，x_{ij} 为标准化结果。在正规化处理后，采用熵值法为基础指标赋权。

计算第 i 年 j 项指标所占比重，用 ρ_{ij} 表示。

$$\rho_{ij} = \frac{x_{ij}}{\sum_{i=1}^{m} x_{ij}} \quad (5-6)$$

e_j 为指标的信息熵。

$$e_j = -\frac{1}{\ln m} \sum_{i=1}^{m} \rho_{ij} \times \ln \rho_{ij} \quad (5-7)$$

d_j 信息熵冗余度。

$$d_j = 1 - e_j \quad (5-8)$$

其中，m 为评价年度，根据信息熵冗余度计算指标权重。

$$\omega_j = \frac{d_j}{\sum_{j=1}^{m} d_j} \quad (5-9)$$

基于标准化的指标 X_{ij} 及测算的权重 ω_j，使用多重线性函数的加权求出农业高质量发展指数（Ag_i）。计算公式如下：

$$Ag_i = \sum_{j=1}^{m} \omega_j \times X_{ij} \quad (5-10)$$

表5-2为熵值法测算出来河北省11个地级市2013—2022年数智化发展水平指数，从此可以看出，全省数智化发展水平逐年稳步上升，可能原因在于河北省的数字产业化水平在不断提高，同时第一、二、三产业与数智化的程度也在持续提升，从而推动全省数智化平稳高速向前发展。

表5-2 河北省11个地级市2013—2022年数智化发展水平指数

地区	年份									
	2013	2014	2015	2016	2017	2018	2019	2020	2021	2022
石家庄	0.29	0.33	0.33	0.38	0.45	0.59	0.67	0.69	0.67	0.88
唐山	0.18	0.18	0.20	0.22	0.23	0.28	0.36	0.37	0.39	0.46
秦皇岛	0.12	0.12	0.11	0.12	0.14	0.16	0.17	0.16	0.16	0.23
邯郸	0.14	0.15	0.17	0.20	0.21	0.24	0.30	0.30	0.31	0.44
邢台	0.13	0.12	0.13	0.19	0.21	0.27	0.33	0.27	0.29	0.55
保定	0.27	0.24	0.30	0.38	0.41	0.51	0.55	0.54	0.56	0.90
张家口	0.10	0.10	0.10	0.13	0.15	0.18	0.18	0.15	0.12	0.25
承德	0.07	0.07	0.07	0.09	0.09	0.12	0.13	0.10	0.07	0.16
沧州	0.15	0.13	0.15	0.14	0.20	0.27	0.32	0.30	0.29	0.46
廊坊	0.18	0.16	0.18	0.21	0.23	0.37	0.41	0.40	0.39	0.67
衡水	0.10	0.09	0.11	0.14	0.16	0.18	0.22	0.19	0.16	0.37

从每个地区来看，石家庄、保定、廊坊的数智化发展处于领先位置，承德、秦皇岛的发展水平较低，与领先地区的差距较大，原因主要来自四个方面。

首先，从经济基础与产业结构来看，石家庄等领先地区产业结构多元且优化。一方面，这些地区高新技术产业蓬勃发展，电子信息、智能制造等领域企业对数字技术天然需求高，它们在生产流程、产品研发、质量管控等环节大量植入数智化系统，以提升竞争力。另一方面，这些地区现代服务业发达，金融机构利用大数据精准营销、风险评估，物流企业依托智能调度系统优化配送路径，为数字技术提供丰富应用场景。而承德、秦皇岛部分地区传统产业占主导，传统农业分散经营，农户受限于资金、知识，对接数智化有心无力。资源型工业长期依赖旧有模式，如承德矿业开采自动化程度低，安全监控智能化不足，且产业规模小，企业分散，难以形成数智化改造合力。

其次，在数字基础设施建设方面，石家庄、保定、廊坊地区优势显著。当地政府高瞻远瞩，将数字基建纳入重点规划，给予土地、资金等优惠吸引投资。通信运营商积极响应，5G基站广泛覆盖城市核心区与产业园区，企业借此快速部署物联网，实现设备互联互通；数据中心建设完备，为海量数据存储、运算筑牢根基。反观承德、秦皇岛，地理条件成"拦路虎"，承德山区地形复杂，网络基站建设成本飙升、难度倍增，导致部分偏远地区网络信号差、覆盖不全，农村电商、农业物联网等数智化应用受阻。同时，经济相对落后使得资金投入捉襟见肘，政府财政无力大规模扶持，基建滞后成为数智化发展硬伤。

再次，在人才资源方面，石家庄和保定地区教育资源丰富，高校为本地输送大量数智化人才，且凭借产业活力、就业机会、良好待遇与配套设施，吸引周边人才流入，形成人才集聚效应。廊坊科技园区周边高校林立，园内企业近水楼台先得月，轻松招揽软件开发、数据分析等专业人才，为企业数智化研发注入动力。承德、秦皇岛则教育资源匮乏，相关专业院校少，本地人才产出不足。加之经济欠发达，就业岗位有限，薪资待遇不具竞争力，人才大量流失，企业数智化转型面临无人可用困境。

最后，在政策支持与区域协同层面，石家庄等地政府出台诸多利好政策，智能制造专项补贴、数字产业税收优惠等降低企业数智化成本，激发改造热情；土地、资金扶持吸引数字企业落地生根。区域协同更是锦上添花，廊坊借京津冀协同东风，承接北京科研、产业资源，共享技术、数据，提升数智化水平。承德、秦皇岛政策支持乏力，企业改造补贴少，数字产业招商政策吸引力低，发展动力不足。区域协同参与度低，未能有效对接周边优势资源，错失发展良机。

因此，要实现数智化在全省范围的充分、平衡发展，就需要补齐短板。针对石家庄、保定、廊坊与承德、秦皇岛在数智化发展上的差距，承德、秦皇岛需多管齐下，加速转型。一是优化产业结构，推动传统产业数智化升级，同时发展高新技术与现代服务业。二是加强数字基础设施建设，克服地理障碍，吸引投资，提升网络覆盖与数据中心能力。三是注重人才培养与引进，提升本地教育资源，吸引并留住数智化人才。四是地方政府出台更多利好政策，降低企业数智化成本，加强区域协同，共享周边优势资源。五是鼓励技术创新与应用拓展，建立创新平台，促进产学研合作，推动数智技术在各领域广泛应用。通过这些措施，承德、秦皇岛将逐步缩小与领先地区的差距，实现数智化的快速发展。

（2）农业高质量发展水平的测度

基于新发展理念，农业高质量发展内容涵盖创新、协调、绿色、开放、共享五个维度。其中，创新是农业高质量发展的动力源，农业动力转换的关键就是科技创新，通过转换农业动能，不断提高农业生产率和农产品产量。协调是农业高质量发展的要求，通过平衡产业结构、城乡收入和消费结构来推动农业产业协调发展。绿色是农业高质量发展的新形态，它是要求农业生产减少能源资源消耗，提高农业环境的治理，提高产品质量，进而推动农业绿色发展。开放是农业高质量发展的趋势，通过创新农产品贸易形式，促进进口与出口的多元化。共享是农业高质量发展的最终目标，保证农民能够享受农产品等带来的成果，提高农民的经济收入，保障公共农产品的供给。

目前，已有文献从这五个维度对农业高质量发展进行测度（姬志恒，2021；朱杰，2023）。本研究在参考这些文献的基础上，加之考虑到地级市层面数据的可获得性，从新发展理念五个维度出发，对省级农业高质量发展进行了指标体系的建构。创新层面包含农业创新基础和成果两个维度：单位耕地面积农用机械动力在一定程度上能反映出农业科技创新的基础水平，技术市场成交额反映了农业科技成果向市场转化的活跃程度，以及市场对农业科技创新的认可度和需求情况；粮食单位面积产量提高体现了农业技术创新所带来的绩效提升，农林牧渔服务业总产值直观展现了农业与服务业深度融合的水平，在一定程度上反映了农业产业结构的升级和农业产业链上下游之间的紧密协作和协同发展。协调主要包括城乡收入结构、城乡消费结构两个方面，具体采用城乡居民收入和消费比来衡量。绿色的主要指标为农业环境污染度，具体体现在对化肥的使用方面。开放主要由农产品进出口依存度来体现，但考虑到地级市数据的可获取性，具体用地区进出口总额与农业产值比来表示。共享主要包括农业生活水平和农村公共服务两个方面，农民生活水平主要体现在农村居民人均可支配收入上，农村公共服务体现为农村居民教育文化娱乐支出占比。上述三级指标的选取是在参考相关文献和数据实际可获得性的基础上确定的，具体基础指标如表 5-3 所示。

此外，通过熵值法，对基础数据进行处理，测算出河北省 11 个地级市 2013—2022 年的农业高质量发展水平指数。

表 5-3　河北省 11 个地级市 2013—2022 年农业高质量发展指标评价体系

指标	一级指标	二级指标	三级指标	单位	属性
农业高质量发展	创新	农业创新基础	单位耕地面积农用机械动力	万千瓦/千公顷	+
			技术市场成交额	亿元	+
		农业创新成果	粮食单位面积产量	万吨/千公顷	+
			农林牧渔服务业总产值	万元	+
	协调	城乡收入结构	城乡居民收入比	%	−
		城乡消费结构	城乡居民消费比	%	−
	绿色	农业环境污染	单位耕地面积化肥使用量	吨/千公顷	−
	开放	农业进出口依存度	地区进出口总额与地区总产值比	%	+
	共享	农民生活水平	农村居民人均可支配收入	元/人	+
		农村公共服务	农村居民教育文化娱乐支出占比	%	+

表 5-4 为通过熵值法测算出来的河北省 11 个地级市 2013—2022 年农业高质量发展指数。从表可知，河北省农业高质量发展水平逐年递增且增长速度明显，由于机械科技在农业中的投入水平提高，政府和社会对农业的支出

增加,城乡发展差距缩小,农村经济发展和农民生活水平提高等,使得农业高质量深化发展。从不同地区来看,每个地区的农业高质量发展水平虽然均呈上升之势,但发展水平却不尽相同。石家庄、保定、沧州三个地区的发展水平处于领先位置,反之,承德、秦皇岛的水平处于末尾,主要有三个原因。

表5-4 河北省11个地级市2013—2022年农业高质量发展水平指数

地区	年份									
	2013	2014	2015	2016	2017	2018	2019	2020	2021	2022
石家庄市	0.29	0.31	0.31	0.28	0.31	0.39	0.46	0.53	0.59	0.71
唐山市	0.28	0.32	0.33	0.29	0.29	0.34	0.39	0.45	0.53	0.63
秦皇岛市	0.24	0.22	0.24	0.23	0.27	0.23	0.34	0.36	0.39	0.48
邯郸市	0.25	0.26	0.28	0.26	0.27	0.32	0.39	0.43	0.53	0.65
邢台市	0.22	0.22	0.22	0.22	0.22	0.26	0.33	0.38	0.46	0.59
保定市	0.21	0.23	0.23	0.23	0.26	0.33	0.39	0.45	0.54	0.68
张家口市	0.10	0.10	0.13	0.13	0.14	0.22	0.29	0.36	0.42	0.52
承德市	0.11	0.12	0.14	0.12	0.14	0.19	0.23	0.27	0.35	0.43
沧州市	0.25	0.28	0.31	0.32	0.36	0.44	0.49	0.55	0.61	0.73
廊坊市	0.20	0.26	0.27	0.25	0.27	0.33	0.34	0.36	0.43	0.50
衡水市	0.16	0.26	0.26	0.24	0.27	0.32	0.36	0.39	0.46	0.55

首先,石家庄、保定、沧州脱颖而出,得益于其显著的区位与交通优势。石家庄作为省会城市,是全省的交通枢纽。公路、铁路交织成网,农产品能以最快速度运往各地。这不仅降低了物流成本,让本地新鲜果蔬抢占市场先机,还凭借交通引力汇聚各方人才、资金与技术,为农业科技研发、产业升级注入活力。保定紧邻京津,处于京津冀协同发展前沿阵地,承接大量产业、技术辐射。京津的农业科研成果在此落地转化,借助便捷交通吸引都市客源,休闲农业、乡村旅游蓬勃发展,拓展农业多元价值。沧州沿海临港,黄骅港打通海上贸易通道,金丝小枣等特色农产品扬帆出海,渔业产业链依港而兴,海洋农业顺势崛起,为农业高质量发展拓宽边界。

其次,雄厚的产业基础与丰富的资源禀赋是三市领航的关键支撑。石家庄平原广袤，是粮食、蔬菜的重要产区，乳业更是异军突起，上下游产业紧密联动，规模效益显著。保定兼具平原与山区优势，阜平大枣、涞水核桃等特色农产品闻名遐迩。其农产品加工风生水起，融合第一、二、三产业，挖掘乡村文化，休闲农业大放异彩。沧州特色林果成林成片，枣、梨产业独具韵味，渔业资源得天独厚，淡水、海水养殖双管齐下，盐碱地改良孕育耐盐碱作物新希望，差异化竞争之路越走越宽。

最后，政策与科技扶持助力三市农业快速发展。石家庄市政府引导资金、技术精准灌溉农业领域，高校科研力量强劲，新品种、新装备频出。保定紧抓京津冀协同机遇，政策开道，吸引京津科技资源扎根，农业科技园区成为产学研对接的热地，基础设施建设一路高歌，为农业铺就坦途。沧州政策聚焦产业扶持，品牌打造、龙头培育不遗余力，与科研院所携手，专攻盐碱地、海水养殖难题，科技赋能，农业发展提质增速。

反观承德、秦皇岛，发展受阻有因。一是自然条件方面，承德多山，地形破碎，耕地零散，机械化举步维艰，成本高企，且气候多变，旱涝霜冻常扰农事，农业生产稳定性差。秦皇岛耕地有限，肥力欠佳，海洋气候带来的暴雨、台风、严寒等灾害，让农作物与农业设施屡遭磨难。二是产业结构上，承德旅游独大，资源分配不均，农业投入少，传统种植、养殖业徘徊不前，产业融合程度低，附加值低迷。秦皇岛旅游、港口经济强势，农业被边缘化，结构单一，对新技术、新模式反应迟缓。三是科技与人才短板同样突出，承德山区引才难，高校科研机构稀缺，自主创新乏力，外部技术引入慢，农民科技素养低，新技术推广遇阻。秦皇岛农业科技投入不足，人才培养针对性差，科研推广体系松散，成果转化低效，难以科技驱动农业飞跃。

因此，一个地区的农业想要高质量发展，必须加大投资力度，提高大数据、互联网、人工智能等数字技术和智能化、自动化农机在农业生产经营中的应用水平，提升农业的科技创新能力，使资源利用最大化，以克服自然环境的劣势，积极促进农业产业融合，提高农业产值。同时，城乡差距的缩小、农民收入水平的提升、农村经济的发展都有助于实现农业高质量发展。此外，降低农业污染物的使用，提高资源利用效率，实现农业绿色发展，也可以提升该地区的农业高质量发展水平，缩小其与其他地区农业发展的差距。

（3）其他控制变量

科技投入（$\ln St$），以地区科学技术财政支出的对数为衡量标准，作为推动农业创新与进步的关键因素，科学技术财政支出规模与效率直接影响着农业现代化的发展步伐。

政府干预（$\ln Gov$），以政府一般财政支出的对数为衡量指标。政府的财政支持、政策引导及扶持措施对农业现代化的加速发展起到了积极的促进作用。

教育水平（$\ln Edu$），以当年的地区教育投入的对数为衡量依据。教育是提升农民科技素养、培养农业专业人才的基础，对农业高质量发展的长远规划具有深远影响。

（4）数据来源与处理

本章河北省数智化和农业高质量发展的相关数据来源是《中国城市统计年鉴》、EPS数据库、企研社科大数据平台等。河北省农业高质量发展的基础指标数据来源于《中国城市统计年鉴》、EPS数据库、河北统计年鉴等。控制变量数据来自《中国城市统计年鉴》，其他变量数据来源于中省信息通信研究院、《中国城市统计年鉴》、EPS数据库等。此外，本书也对数据进行了相应处理，对于少许缺失值已经通过插值法补齐。

5.3 实证分析

5.3.1 基准回归

本章通过豪斯曼检验，选择固定效应模型，再通过双固定效应模型回归、减少控制变量回归、单一地区固定效应模型回归、双不固定模型效应模型回归、不选用控制变量回归，得出最终结果。

表5-5是基准回归结果，数智化的系数始终在5%的水平上通过显著性检验，可知数智化（Ag）能显著促进农业高质量发展（Di）。其中，数智化水平每提升一个单位，农业高质量发展提升0.11个单位，数智化迅猛发展背景下，不仅有利于工业和服务业的高质量发展，同时对农业高质量发展也具有明显正向作用。

主要原因在于两方面，一方面，互联网、人工智能、大数据等数智技术和智能农机、无人植保机在农业中的广泛应用，极大地提高了农业生产效率，优化了农业生产经营各个环节的资源配置，农产品产量、农民收入、农业总产值等均得到显著提升。另一方面，数字技术的发展提高了政府的治理水平和农村社会治理现代化体系的构建，从制度上保证农业生产经营稳步进行，从而助推农业高质量发展。

在控制变量中，政府干预（$\ln Gov$）能显著推进农业高质量发展，政府对农业补贴以及农村基础设施的建设等，既能为农业生产经营提供便利条件，又在一定程度上刺激了农民生产积极性，助力农业现代化发展。科学技术投入（$\ln St$）对农业高质量发展具有积极作用，增加科技研发投入有助于促进农业科技水平提升，推动农业高质量发展。理论上，人才对推动农业高质量发展有重要作用，教育投入（$\ln Edu$）应该对农业高质量发展的作用显著，但本回归结果中教育投入变量系数为负，可能的原因是2019年到2022年经济发展下行使教育投入减少，但其他方面依旧可以推动农业高质量发展，促使农业高质量发展系数持续增长，得出了教育投入系数为负的结果。

表5-5 基准回归结果

变量	双固定效应模型回归	减少控制变量回归	单一地区固定效应模型回归	双不固定模型效应模型回归	不选用控制变量回归
Ag	0.11** （0.05）	0.08* （0.05）	0.55*** （0.09）	0.38*** （0.09）	0.15*** （0.05）
$\ln Gor$	0.16*** （0.04）	0.13*** （0.04）	0.16* （0.09）	0.01 （0.09）	

续表

变量	双固定效应模型回归	减少控制变量回归	单一地区固定效应模型回归	双不固定模型效应模型回归	不选用控制变量回归
ln*st*	0.02** （0.01）	0.02 （0.01）	0.03 （0.02）	0.04* （0.02）	
ln*edu*	−0.10* （0.06）		−0.01 （0.10）	0.03 （0.08）	
常数项	−1.01 （0.74）	−1.86*** （0.58）	−2.40*** （0.56）	−0.70 （0.53）	0.29*** （0.01）
地区	YES	YES	YES	NO	YES
年份	YES	YES	NO	NO	YES
N	110	110	110	110	110
R^2	0.96	0.96	0.78	0.54	0.96

注 括号内报告的是稳健标准误，***、**和*分别表示回归结果在1%、5%和10%置信水平下通过显著性检验，下同。

5.3.2 异质性检验

表5-6为河北省11个地级市的回归结果，数智化在十一个地级市均显著促进农业高质量发展。

在生产领域，唐山的农户利用数智化的农业管理系统，结合当地气候特点，精准规划种植与养殖周期，让农产品错峰上市，抢占市场先机，同时依据精准的气象数据，提前采取防灾减灾措施，保障生产稳定。秦皇岛凭借沿海优势，引入智能化海水养殖设备，实时监测水质、溶氧量等参数，海鲜养殖的成活率与品质大幅提升，渔业产值稳步增长。衡水市借助卫星定位、传感技术，农户精准掌握土壤详情，优化农事操作，农资利用率显著提高。邢台广泛应用智能农机，自动导航助力高效作业，节省大量人力、物力与时间成本。

表5-6 异质性检验回归结果

序号	地区	Ag	常数项	地区	年份	N	R^2
（1）	唐山市	0.15*** （0.05）	0.29*** （0.01）	YES	YES	100	0.95
（2）	秦皇岛市	0.09* （0.05）	0.31*** （0.01）	YES	YES	100	0.96

续表

序号	地区	Ag	常数项	地区	年份	N	R^2
（3）	石家庄市	0.12** （0.06）	0.40*** （0.01）	YES	YES	100	0.95
（4）	衡水市	0.14*** （0.05）	0.30*** （0.01）	YES	YES	100	0.96
（5）	邯郸市	0.15*** （0.05）	0.29*** （0.01）	YES	YES	100	0.95
（6）	邢台市	0.15*** （0.05）	0.30*** （0.01）	YES	YES	100	0.95
（7）	沧州市	0.15*** （0.05）	0.29*** （0.01）	YES	YES	100	0.96
（8）	廊坊市	0.22*** （0.05）	0.28*** （0.01）	YES	YES	100	0.97
（9）	保定市	0.10* （0.06）	0.31*** （0.01）	YES	YES	100	0.95
（10）	张家口市	0.21*** （0.05）	0.29*** （0.01）	YES	YES	100	0.96
（11）	承德市	0.14** （0.06）	0.31*** （0.02）	YES	YES	100	0.95

农产品质量管控层面，邯郸构建的区块链质量追溯体系让消费者放心选购，当地特色农产品，如涉县核桃、魏县鸭梨，借此拓宽销路，附加值不断攀升。张家口的快速检测设备保障农产品质量，坝上蔬菜凭借过硬品质畅销京津冀地区。廊坊利用智能化仓储保鲜技术，延长农产品货架期，保证果蔬新鲜度，提升市场竞争力。保定通过数智化监控养殖环境，确保禽畜产品安全无虞，其驴肉、鸭蛋等特产备受消费者青睐。

农业经营管理维度，沧州的农业企业依托大数据，灵活调整产业布局，面对多变市场从容应对，黄骅冬枣、泊头鸭梨等特产依托精准营销大放异彩。石家庄作为省会，汇聚各类农业科技资源，借助电商平台与城市影响力，整合周边农产品，统一品牌推广，让本地农产品享誉全国。承德借助电商将山珍野味推向全国，利用线上反馈改良包装、口味，使兴隆山楂制品成为网红零食。秦皇岛的旅游电商模式更是别具一格，游客线上预订海鲜特产，线下游玩时提货，实现旅游与农业协同发展。

综合而言，数智化已经全面而深入地渗透到河北省十一个地级市的农业发展各领域，不仅激活了各地的内在潜能，而且为农业的现代化转型与高质量发展提供了持久且强大的动力源泉，推动农业迈向更加繁荣、高效与可持续的未来。

5.3.3　门槛效应

数字经济的发展存在"梅特卡夫法则"和"网络效应"，那么数智化对农业高质量发展有可能存在非线性关系，为此本节采用门槛回归模型进行实证检验。研究参考 Hansen（1999）的门槛回归方法对门槛的存在性进行检验，发现数智化通过了单门槛检验，但未通过双门槛检验，基于此，设定单门槛回归模型，选择农户固定资产投资（万元）(df) 为门槛变量。

结果如表 5-7 列（1）所示。农户固定资产投资的门槛值为 130 067 万元，当农户固定资产投资低于 130 067 万元时，数智化水平对农业高质量发展的系数为 1.356，当农户固定资产投资高于 130 067 万元时，数智化对农业高质量发展的作用系数为 0.581。从回归结果来看，在农户固定资产投资低于 130 067 万元时，数智化发展对农业高质量发展的推动作用较为迅速，在农户固定资产投资高于 130 067 万元时，数智化发展对农业高质量发展的推动作用有所减缓，可能的原因有三个。

首先，投资较低时，数智技术的应用可能更侧重于解决农业生产中的关键问题，如精准种植、智能养殖等，这些技术的应用能够快速提升农业生产效率和质量，对农业高质量发展的推动效果立竿见影。但当投资增加到一定程度后，数智技术的应用在深度上可能难以取得进一步拓展，其对农业高质量发展的推动作用受到一定限制。

其次，随着投资规模的扩大，农业生产系统变得更加复杂，数智技术与农业生产的深度融合面临更多挑战。例如，需要更高的技术水平来实现不同生产环节的协同优化，以及更完善的基础设施来支撑大规模的数据采集和分析等，这些因素都可能导致数智化对农业高质量发展的推动作用在投资额超过门槛值后有所减缓。

最后，数智技术的有效应用需要农户具备一定的数字素养和操作技能。在投资较低时，数智技术的引入可能促使农户积极学习和提升相关素质，从而更好地利用技术推动农业发展。但当投资增加后，农户素质的提升速度可能跟不上投资增长的速度，导致农户对数智技术的接受和应用能力不足，影响其对农业高质量发展的推动作用。

尽管当农户固定资产投资总额超过130 067万元这一阈值后，数智化发展对农业高质量发展的推动作用呈现出减缓的趋势，然而值得注意的是，这种减缓并未改变数智化对农业高质量发展的正向影响。即便在这一较高水平上，数智化发展水平的提升依然能够促进农业向更高质量的方向迈进。这一发现再次有力地证明了数智化是推动农业高质量发展的重要驱动力，强调了发展数智化在农业现代化进程中的不可或缺性。因此，在投资规模扩大的情况下，持续推动数智化的发展仍然是实现农业持续、高效、绿色发展的关键路径。

表 5-7 门槛效应和调节效应回归结果

变量	(1) 门槛效应	(2) 调节效应
$Ag\ (df \leq 130\ 067)$	1.356*** (0.13)	
$Ag\ (df \geq 130\ 067)$	0.581*** (0.06)	
$Di \times df$		0.20*** (0.06)
地区	YES	YES
年份	YES	YES
N	110	110
R^2	0.80	0.96

5.3.4 调节效应

本研究借鉴李颜豪的研究，用普惠金融指数作为调节变量。

结果如表 5-7 列（2）所示，表中数智化与数字普惠金融的交互项系数 $Di \times df$ 为正，表明数字普惠金融可以显著强化数智化对农业高质量发展的推动作用。可能的原因有三个方面。

首先，资金投入需求方面。农业数智化转型需要大量的资金投入。无论是购置智能农机设备、建设农业物联网设施，还是开发农业大数据平台，都涉及较高的成本。普惠金融可以为农业经营主体，包括小农户、家庭农场、农民合作社等提供必要的资金支持。而且传统金融服务在服务农村地区和农业经营主体时，往往存在门槛较高的问题。普惠金融则能够降低这一门槛，使更多的农业经营主体有机会获得金融服务。比如，一些小型农业企业可能因为抵押物不足等问题难以从传统银行获得贷款，但普惠金融机构可以通过创新金融产品，如基于农产品订单或农业信用的贷款，为这些企业提供资金，用于引进数智技术和设备，促进农业高质量发展。

其次，普惠金融的覆盖范围较为广泛，农业主体的全面受益性较为公平。普惠金融指数能够反映金融服务在农村地区的普及程度和可得性。一个地区普惠金融指数高，意味着该地区更多的农民和农业企业能够方便地获得金融服务。在数智化经济促进农业高质量发展的过程中，广泛的金融覆盖可以确保不同规模、不同地域的农业经营主体都能参与到数智化转型中来。例如，在偏远山区的农户，如果当地普惠金融服务良好，他们也能获得资金支持来购买无人机进行植保作业，实现农业生产环节的数智化。普惠金融强调公平地提供金融服务，这与农业高质量发展的共享理念相契合。通过普惠金融，不仅大型农业企业可以利用数智化提升竞争力，小农户也能够获得资金支持来改善生产方式。例如，在农产品电商发展过程中，普惠金融可以为小农户提供贷款用于电商平台建设、物流配送体系搭建等，使他们能在农产品销售环节利用数智化手段分享数字经济带来的红利，促进农业高质量发展成果的共享。

最后，普惠金融可以分散风险，保持农业数智化的可持续性。农业数智化发展过程中面临各种风险，如技术应用风险、市场波动风险等。普惠金融机构可以通过提供多样化的金融产品,如农业保险、信贷风险分担机制等,帮助农业经营主体分散风险。普惠金融机构通过合理的信贷政策和金融服务,可以保障农业经营主体在数智化道路上持续发展,从而促进农业高质量发展的可持续性。

5.3.5 稳健性检验

为了保证本研究基准回归的结果稳健性和可靠性,对以上模型进行系统的稳健性检验是非常重要的。本章采用了三种不同的方法来全面验证模型的稳健性,分别是滞后一期处理、缩小样本空间以及更换解释变量,如表5-8所示。

表 5-8 稳健性检验

变量	滞后一期	改变时间	改变地区	更换解释变量
Ag	0.19*** (0.06)	0.12* (0.07)	0.30*** (0.04)	0.12** (0.05)
常数项	0.30*** (0.02)	0.45*** (0.03)	0.24*** (0.01)	0.30*** (0.01)
地区	YES	YES	YES	YES
年份	YES	YES	YES	YES
N	99 000	33 000	50 000	110 000
R^2	0.96	0.98	0.98	0.95

首先,考虑到数智化对农业高质量发展的影响可能存在一定的时滞效应,即数智化的正面效果可能不会立即显现,而是会在一段时间后逐渐显现,将解释变量滞后一期后再进行回归分析能更准确地捕捉数智化对农业高质量发展的长期影响。

其次,为了排除特定时间段或特定地区对回归结果的潜在影响,我们采取了缩小样本空间的策略。具体做法包括剔除2020—2022年这一可能受到疫情等特殊事件影响的时段数据,以及仅随机选取衡水市、沧州市、廊坊市、邯郸市、邢台市、张家口市这六个具有代表性的城市进行回归。这样的处理有助于检验模型在不同样本条件下的稳定性。

最后,本研究采用了熵值法对各地级市的数智化指标进行了重新测度,并以此为新的解释变量进行回归分析。熵值法是一种基于数据信息的客观赋权方法，能够更科学地反映数智化水平的综合情况，从而提高了回归分析的准确性。综合上述三种方法的回归结果来看，稳健性检验的回归系数方向与显著性均与基准回归结果保持一致，这充分表明数智化依然能够显著地推进农业高质量发展。因此，数据结果显示，本研究的基准回归结果是稳健的、可靠的，为数智化赋能农业高质量发展的结论提供了有力的证据支持。

5.4 本章小结

数智化与农业的深入融合是农业高质量发展的重要方面，因此，研究数智化赋能农业高质量发展有重要的现实启示。本研究以河北省为例，基于数智化赋能农业高质量发展的机理，采用河北省2013—2022年的数智化与农业高质量发展的相关评价指标，测算河北省数智化与农业高质量发展的指数，并实证验证了两者的关系，得出数智化促进河北省农业高质量发展的结论，说明大力发展数字化与智能化农业，是提升农业高质量发展的重要途径。同时河北省数智化赋能农业高质量发展存在地区差异性，石家庄、廊坊等地区的促进程度较高。从门槛效应来看，在农户固定资产投资低于130 067万元时，数智化发展对农业高质量发展的推动作用较为迅速，在农户固定资产投资高于130 067万元时，数智化发展对农业高质量发展的推动作用有所减缓，但其系数仍为正向，证明数智化发展水平依然会推动农业更高质量发展，再次证明了发展数智化是推进农业高质量发展的重要途径。此外，数智化对农业高质量发展的作用受到数字普惠金融力度的影响。

第6章 国内数智化赋能农业高质量发展：比较与借鉴

6.1 国内四省农业数智化发展状况

数智化赋能农业高质量发展已经是大势所趋，不仅在河北省开展，其他省份也形成了数字农业相关体系，因此，本研究选取江苏、山东、吉林与山西四省的典型案例，分析其在数智农业发展道路上的经验教训，以此为河北省数智农业高质量发展提供有效参考。其中，江苏省的农业机械化水平在全国处于领先地位。其粮食主产县已全面实现农业生产全程机械化，部分主要农作物耕种收割综合机械化率超过 90%。目前江苏积极推广智能农机装备，如智能插秧机等，这些智能农机通过卫星导航、人工智能算法等技术，能够实现高效自主作业，提高作业精度和效率。而山东省农业发展则注重农产品品牌建设和数智化营销。山东省采纳电子商务平台和直播销售等创新营销手段，促进本省高品质农产品的国内外市场拓展。同时，山东省组织农产品数字展览、网络农业文化节等活动，强化了农业文化的传播和农产品品牌的提升，进而推进农业产业链的一体化深度融合。同时吉林打造了"吉农云"农业综合服务平台，该平台集农业生产管理、农产品电商交易、农业金融服务、农业技术培训等功能于一体为新型农业经营主体提供全方位的数字化服务。而山西省在农产品质量食品安全追溯体系和监管监测网络体系建设方面的做法同样值得借鉴。总的来说，江苏和山东的数字农业发展水平较高，对河北省有重要启示，虽然吉林和山西数智农业发展也有可借鉴的地方，对四省数智农业发展进行归纳，有助于河北省找到有利于数智化农业发展的出路。

6.1.1 江苏省农业数智化发展状况

江苏省地处长江三角洲的尾闾毗邻东海岸，与上海市接壤。该省地处亚热带季风气候带，其东部沿海地区受海洋性气候调节且湿度较高，季节转换清晰。而其西部内陆地区则趋向温带季风气候特征季节更替的现象更为显著。江苏的夏季炎热潮湿，冬季气候寒冷湿润且降水量丰富，对农作物的生长十分有利。70年来，江苏立足人多地少的实际省情抓科技兴农的战略，积极推进现代农业的进程逐步形成了一条与传统农业模式相异的发展路径。

目前江苏省依托科技创新有效提升了土地的生产效率并增强了农业科技的内涵。据2023年数据，江苏全省农业科技对农业增长的贡献率达到了72%。此外，江苏省加强了农业基础设施的建设，尤其是农田水利设施。同时江苏省注重耕地保护与土壤质量的提升，并加大了对农业资源的开发及土地整治的力度。

在农业机械化方面，江苏省通过增强农机研究开发力度和提供农机购置补贴，显著提高了农业机械的质量、数量以及功率，其应用范围和种类也得到了广泛扩展。当前来看种植业和养殖业的农业机械化应用程度已经明显提高。不论是从粮食中的小麦和水稻等部分主要农产品的生产过程，从种植到田间管理再到收割入仓基本实现机械化，全省农业机械化发展进入较高水平阶段。在科技兴农战略的有效实施下，此举亦显著提升了江苏省农业的整体生产效能与市场竞争力，从而使农业顺利从传统模式向现代农业转型。

在政策支持方面，江苏省政府高度重视农业数智化发展，在此基础上江苏省政府办公厅于2022年颁布了《关于"十四五"深入推进农业数字化建设的实施方案》。该方案旨在协同推进乡村振兴战略与农业农村现代化进程。

方案明确了以农业数字化和数字农业产业化为主要发展途径致力于打造农业智能化创新发展的新平台。重点任务包括推进园区数字化提档升级和树立农场数字化标杆且不能忽视强化产业数字化链条并提升效率等方面。

此外，江苏省在省级现代农业发展、省级农业公共服务等专项任务中，常年安排资金用于支持数字农业和农产品电子商务以及农业农村大数据建设等。如海安市、无锡市惠山区等地新获批建设国家数字农业创新应用基地，并争取到中央财政资金的大力支持。江苏省出台了一系列税收优惠政策，支持农村地区创业和农业现代化发展。同时，政府采用购买服务、提供贷款贴息等手段，借助这些方针来吸纳更多的金融资本，使得更多社会资本走进智慧农业建设领域。

在数智化方面，江苏加大推进"数智"农业机械化，深入强化农业现代化的基础。一是大数据共享，江苏采用创新农业大数据共享模式，依托"苏农云"推动高标准农田精准管理，完成"上图入库"，加快智能农机"入网上云"，完善病虫害、自然灾害等信息监测网络。二是数字化转型，江苏以农业数字化转型为抓手，紧扣"增智""赋能""精准"和"场景"四个关键词，即加快发展智慧农业，同时加强信息化设施建设，在此基础上为农业主导产业"增智"。江苏省正加速推进农业产业链的数字化改造与升级，并致力于打造覆盖农业生产全过程的综合管理数据模型及分析服务体系，旨在开发并提供农产品生产状况、市场信息、供需趋势等多元化服务。江苏鼓励农业生产经营主体与服务企业整合遥感、气象、土壤、农事活动、灾害预警、病虫害监测、动物疫情防控及市场等数据资源，增强农业生产数智化能力实现精准种植、养殖及捕捞等智慧农业操作模式。

在基础设施方面，江苏省持续加强第五代移动通信网络（5G）的基础设施建设并进行智能化改造以不断提升农村地区的网络效能和服务水平，为农业数字化发展奠定了坚实的网络支撑。同样，农村基础设施的智能化转型也在加快步伐，其中包括农田灌溉系统、农业机械作业监控等智能化设施的持续优化。江苏省实施了农场数字化示范工程及园区数字化升级项目，让项目在规模化、集约化和机械化的情况下,积极推广农业生产的数字化智能化改造,进而促进环境监测和环境控制,精准饲养等各个方面的智能技术,让其在不同的农业领域广泛应用。如常州国家农业科技园区的核心区域已实现田间的远程管理,数字化与智能化的农业生产场景比比皆是。不仅如此,江苏省整合了家庭农场、农民专业合作社、专业公司等多方资源构建了农业生产社会化服务云平台,还创新了"一站式"农业服务模式。江苏省不断加大对农业基础设施的投资力度这些平台提升了市场信息传递、农资供应、农产品营销、远程培训等云服务功能,有效地助力众多小规模农户融入现代农业的发展路径。如高标准农田建设、智能化灌溉系统以及病虫害远程监控系统的数智化应用,通过数智化进程推动农业新质生产力提升,完善基础数字化设施,打造产业资源流通体系,加强乡村交通、物流等基础设施的数字化建设。

在技术创新方面,江苏省在养殖业、种植业、渔业等领域广泛应用智能农机装备与技术,如无人机播种、收割以及智能灌溉系统等这些技术提高了农业生产的精准度和效率,大大降低了人力成本。江苏省依托智慧化监测控制系统,实现了对农田环境、作物长势、病虫害等方面的实时监测和控制。江苏省在新品种选育方面也取得了显著成果,如金坛区与上海海洋大学合作选育的"长荡湖1号"河蟹新品系。该品种号称抗病性强,成活率高。此外,江苏省大力支持物联网、大数据,人工智能以及云计算等智能技术手段在农业领域的应用。借助精确的环境调控与病虫害监测手段,有效降低农药和化肥的使用量,从而确保了农产品的绿色与健康。不仅如此,这些技术也加速了农业生产方式的转型与升级,从而进一步提高了农产品的品质及附加值。

在对外合作方面,江苏省作为中国农业大省之一,正努力与国际先进国家或地区进行交流合作以达到引入农业先进技术及经验的方法,进而提升本省数智化农业的发展水平,同时推动农产品国际贸易和合作,实现互利共赢。江苏省主动吸纳国际领先的数智化农业技术,其中涵盖物联网、大数据、人工智能等领域的先进技术,并与海外的科研机构及企业携手合作,共同推进农业技术的创新步伐与实际应用。例如,江苏省与澳大利亚等农业科技发达国家开展合作,引进先进的农业技术和装备,从而提升本省农业生产的智能化和精准化水平。江苏省还通过人才交流和培训等方式加强与国际农业教育和科研机构的合作,提升本省农业人才的专业素养和技能水平。同时,积极引进国际农业人才也为江苏省数智化农业的发展提供智力支持。此外,江苏省大力促进农产品的国际贸易与合作,通过积极参与国际农产品博览会、展销会等各类活动展示并推广本地的农产品,进而有效提升农产品的国际声誉与竞争力。与此同时江苏省也积极引进国外的优质农产品,进一步丰富了本省农产品市场的供应种类。例如,南京全丰农业科技有限公司与澳大利亚公司合作引进先进的莓果种植技术和质量检测系统,提升本省农产品的品质和安全性。江苏省积极参与拉美及加勒比地区农村生计改善和粮食体系转型能力建设活动,以通过技术交流和合作来共同推动数字农业的发展。

6.1.2 山东省农业数智化发展状况

山东省作为农业产业化进程的起点,自改革开放以来其农业发展轨迹可划分为几个关键时期:20 世纪 80 年代中期为初期探索阶段,90 年代为全面推广阶段,进入 21 世纪后则是深化革新与提升阶段。

在政策扶持与战略规划方面,作为全国首个实施"三权"分置改革的地区,山东省通过持续优化农村基本经营制度,进而稳步推进农村土地承包经营权的确权、登记与颁证工作,确保了各类农业经营实体能够放心地开展土地承包与经营活动。山东省以建设全省数智农业综合服务平台为契机,构建全省数智农业综合平台体系,并整合、用好现有平台,提供网络接口,降低农业接入成本。山东省积极培育一批数智农业标志性重大平台、重大项目、农业科技示范创新团队、示范龙头企业、合作社等来打造数智农业标杆企业同时引领本省数智化农业的发展。同时,山东省正积极推进数字化与智能化的赋能进程,并致力于推动优势产业集群的数字化转型。该省积极探索全产业链大数据在农业领域的构建路径、模式及可持续发展的机制，旨在打造一系列技术创新驱动、数字化赋能、平台化服务、场景化应用等特征的农业数字化与智能化示范企业，将数智农业发展的重点逐渐由"卖硬件"向"卖服务"转变，加快培育一批具有全国影响力的数智化农业社会化服务主体和头部企业，进而形成一批数智农业服务团队。

在基础设施完善方面，山东省已成功构建省级农业农村遥感大数据中心、山东省农业云平台和智慧畜牧系统以及渔船智能监管系统等一批数智化政务服务平台。这些平台全方位覆盖了农业的生产、管理以及销售等多个环节，为相关行业提供了高效便捷的数智化服务。截至2024年山东省已成功建立了超过730个智慧农业应用示范基地，而这些示范基地构成了数字化农业发展的重要支柱和展示窗口。山东省深入开展数智农业突破行动，加强数智技术在农业生产、管理、销售等环节的应用积极推动农业数智化转型。山东省注重数智化赋能农业新业态积极推动农文旅融合发展，并以数智技术为手段来提升休闲农业、乡村旅游等农业新业态的品质和效益。举例来说，在大田作物区域部署传感器能够实时监测土壤湿度、温度等一系列环境参数，从而为精准灌溉、施肥等农业操作提供有力的数据支撑。山东省还借助云计算和大数据技术建立了农业大数据平台实现了对农业生产数据的全面收集、高效存储、深入分析以及广泛应用。山东省积极推广智能农机和装备如无人机、智能喷药机器人等，设备能够实现精准作业，以提高农业生产效率和品质。山东省建设了多个数智化管理平台，如农村集体"三资"管理系统、农业社会化服务数智化平台等，为农业生产管理提供了便捷、高效的数智化手段。此外，山东省在多个领域开展数智技术应用示范，如数智果园、数智农场、数智畜牧业等，这些示范项目为数智化农业的推广提供了有力支撑。

在农产品电子商务方面，山东省通过主动支持电商平台、直播带货、短视频等新媒体营销模式的开展，成功拓宽了农产品的销售渠道。该省还高度重视农产品的品牌建设工作，运用数智化手段有效提升农产品的知名度和美誉度。不仅如此，山东省运用数智化的新技术、新理念和新思维等对传统农业生产经营方式进行革新与升级,从而促进农产品网络零售额的增长,发展电商平台、直播带货、短视频等新模式,推动"好品山东"农业品牌建设数智化。这也孕育了肥城桃、沂源红苹果、纽澜地肉牛等一系列享誉市场的知名品牌。

以烟台市为例。作为山东省数智化农业发展的领先地区之一,烟台市在数智乡村建设方面取得了显著成效。例如,烟台市建立了数智乡村发展统筹协调机制,其联合多部门齐抓共管、协调联动且重点推进智慧农业建设、农村电商优化升级等目标任务。同时,烟台市还积极推动数智技术与农业生产的深度融合如推广物联网、智能农机等现代信息技术和装备并建设数智田园、数智农场示范基地等。

潍坊市同样是山东省数智化农业发展的关键区域之一。潍坊高度重视数智技术在农业生产流程、管理体系及销售环节中的深度融合与应用,致力于推动农业全产业链向数智化方向转型升级。如寿光和青州作为潍坊市的重要农业县市入选 2024 年县域数智农业发展县建设名单。通过实施"数智 + 设施"升级、"数智 + 质量"监管、"数智 + 产销"衔接等措施,潍坊市推动农业全产业链数智化发展取得了显著成效。

6.1.3 吉林省农业数智化发展状况

位于松辽平原核心地带的吉林省拥有富饶的土地资源,被誉为全球三大"黄金玉米带"之一,是中国关键的粮食生产区。多年来吉林省的粮食商品率均处于 80% 以上,比全国粮食商品率高出 20%。吉林的人均粮食占有量、粮食商品率和粮食出口量均处于全国的前端。吉林省着重现代化农业的发展,并采纳"藏粮于地、藏粮于技"的发展战略,且严格维护基本农田,做到了汇集现代生产要素的同时巩固现代农业基础设施,能够有效推进乡村振兴。该省划定了 7 415.34 万亩的粮食生产功能区和重要农产品保护区,并建立了一系列粮食生产的核心基地进而推动了优良品种、优质耕地、先进机械和科学方法的综合配套从而提升了农业的综合生产能力。粮食的单产、商品化率、调出量和人均占有量始终居于全国领先地位。数据显示，吉林省的粮食总产量连续八年超过350亿千克，而且2023年的粮食产量更是达到新的高度。根据吉林省农业农村厅及相关统计数据显示，2023年吉林省粮食总产量达到了4 186.50万吨，即418.65亿千克，显示了吉林省在粮食生产方面的强大实力和稳定性。在气候条件良好的情况下，吉林省正努力将粮食产量提升至440亿千克以上，并向着450亿千克的目标奋力冲刺。实施大面积单产提升"头号工程"，集成高质高效技术模式，分作物、分品种、分区域抓好落实，最大限度促进单产大面积均衡提升，确保粮食播种面积只增不减，并计划新增50万亩最终达到9 277万亩。在此同时，加大高标准农田建设力度，计划2025年建成1 000万亩高标准农田，努力达成2027年把永久基本农田全部建成高标准农田的首要目标。

  吉林省作为农业大省，积极推动农业数智化转型，深入实施机械强农行动，加快提升农业生产智能化、设施化、精细化水平，对先进适用农机装备的应用推广不断扩展，从最初的水稻插秧、收割，现项目扩展到果蔬的种植、养殖牲畜、水产养殖以及农产品初加工等多个领域。目前，吉林省主要农作物的耕种收全程机械化率已经达到了86%，标志着农业生产方式的深刻变革。吉林市还稳步推进履带收割机、坡地小型农机、多维移动无人驾驶农机等新型农机装备的保有量增加，吉林省致力于在优化山地丘陵区保护性耕作模式方面走在前列，而这些新型农机装备不仅具备强大的作业能力，还融入了智能化技术，为农业生产带来前所未有的变革。而智慧农机具的普及和应用极大地提升了吉林省农业生产的效率并有效减少了人力成本，插秧机、翻耕机器人等先进农机装备的应用使农业生产过程更加高效、精准，从而大大减轻了农民的劳动强度。这些智慧农机还配备了远程监控、自动导航等先进功能，进一步提升了农业生产的智能化水平，为农业生产注入了新的活力。吉林省优化农机购置补贴政策可以降低普通农机具补贴标准，加速老旧农机具更新换代进程，并重点扶持智能农机具，购置推广高性能播种机。随着一系列措施的实施，吉林省农机装备水平不断提高，主要农作物综合机械化率已达到 94%。智能化农业机械的广泛部署不仅大幅提高了农业生产效率，同时也推动了农业资源的优化配置，为农业的持续发展奠定了坚实的基础。此外，吉林省在多个与农机相关的领域取得了显著成就，包括保护性耕作技术的推广、农机智能化作业水平的提升、农机试验鉴定工作的加强、农机安全监管体系的完善以及农机社会化服务的扩展。通过实施保护性耕作作业面积和质量监测监管等措施，吉林省为农机作业补贴政策提供了数据支持和决策依据。

这些举措不仅促进了农业机械的智能化生产、数字化管理还加快了新型农业机械化主体的高效发展和转型升级，这为吉林省农业的持久发展构建了稳固的基础。吉林市作为国家级的商品粮基地和区域性的农产品集散中心，近年来持续致力于智慧农业的建设与发展。智慧农业的实践成为吉林市推进现代农业发展的关键举措，有效提升了现代农业的发展层次与水平。吉林省通过数字化手段改造提升传统农业，出现了智慧滴灌、智慧喷防、智慧遮阳、智慧加工、智慧包装等一系列新式的数字化无人操作模式，使得农民从会种田到"慧"种田。吉林省在棚膜温室、远程放牧、可视监管、田间植保等方面带来了巨大的变化，现如今农业正逐步实现从传统的"靠天吃饭"模式向现代的"看天管理"模式转变，并从"汗水农业"向"智慧农业"升级。这些数字化技术的运用使得农业生产过程更加科学化、高效化同时也显著提升了农产品的质量和附加值。

吉林省的产业体系正迅速实现转型与融合。在种植业方面结构持续优化且特色种植业务稳步增长，2023 年园艺特产产业的年总产值达到了 1 570 亿元人民币。畜牧业维持了稳定的发展态势，2023 年总产值达到了 1 968.72 亿元人民币。总体来看，吉林省农业的生产体系正在加速完善与提升，相关数据显示，吉林省农业科技的进度对农业产出的贡献高达六成。例如，在生产流程中，数智技术与传统农业实现深度融合。精准农业利用传感器、卫星遥感、智能无人架控等设备来实时监测土壤墒情、气候环境、农作物的长势生态等信息。通过数据分析模型，农民能够精准掌握农作物的需水、需肥规律，科学合理地进行灌溉与施肥作业，来避免资源浪费和过度使用，提高投入产出比。如智能灌溉系统根据土壤湿度数据自动调节水量，既保障了作物生长需要，又节约了水资源。而农业机器人在种植、采摘、除草等农事操作中的应用日益广泛，高效精准地完成任务，进而减轻劳动强度，提升作业效率与质量。

在经营管理层面，吉林省利用数智化平台强化农业产业链上下游之间的联系。电商平台拓宽了农产品销售渠道，在此基础上优质农产品可以直接面向城市消费者，减少中间环节，进而增加农民收入。农产品溯源体系利用区块链等技术打造从产地至餐桌的全链条信息追踪路径，有效提升农产品质量安全水平，进而增强市场信任度。农业企业内部进行数智化管理系统，实现生产计划、库存管理、物流配送等环节的协同运作，优化资源配置，在降低运营成本的同时提高企业市场竞争力。

农业全产业链数智化起始于生产环节的精准变革。借助物联网、传感器、卫星遥感等先进技术，农田信息得以实时、精准地采集与传输。土壤肥力、湿度、温度信息气象数据以及作物生长状况等各类海量数据经由智能分析系统的精细处理，可转化为精准科学的决策依据。农民和农业企业可以根据这些数据实现精准的施肥、灌溉和病虫害防治，从而极大地提升资源的使用效率，进而减轻了农业生产带来的环境负担，并且确保了农产品的产量与质量能够持续稳定地提升。智能灌溉系统依据土壤墒情自动调节水量，既避免了水资源浪费，又确保了作物生长不受旱涝影响。

此外，数智化进程延伸至农产品加工环节。加工企业引入自动化生产线和数智化管理，从而实现农业生产流程的精细化控制。从原料筛选、加工工艺优化到产品质量检测的每个步骤都在数智化的赋能下更加高效、标准和安全，这不仅增加了农产品的附加价值，还强化了市场竞争力，同样也更好地满足了消费者对多样化和高品质的需求。流通环节在数智化浪潮下发生变革，电商平台、冷链物流和智能仓储的应用，进而构建起农产品从田间到餐桌的高速通道。农产品销售超越地域和时间局限，得以实现线上线下渠道深度融合,同时消费者便捷购买新鲜优质农产品,让农民和企业调整生产销售策略攻克销售难题,最终提升农业效益和农民收入。

农业全产业链数智化推进过程中,数据成为核心驱动力。整合和分析农业产业链各环节相关数据,构建农业大数据平台为政府决策、企业运营、金融服务提供支撑。政府制定精准农业产业政策,优化资源配置;企业洞悉市场动向,实施高效精准营销策略,实现供应链协同;金融机构评估农业经营主体信用状况,创新金融产品和服务,注入资金活力。推进农业全产业链数智化同样面临挑战,农村基础设施薄弱,农民数智素养参差不齐,数据安全和隐私保护问题制约农业数智化发展进程。需加大农村网络通信、智能设备基础设施建设开展以及农民数智技能培训提升应用能力;构建完善的农业数据安全法律框架与监管体系,以保障数据信息的稳固与可信。农业保险作为支撑农业发展的重要金融工具扮演着缓解农业风险的核心角色。吉林省的政策性农业保险覆盖面持续拓宽,包括主要粮食作物、主要农产品及部分特色农产品。面临自然灾害或市场价格的波动,农业保险为农户及农业企业提供了经济损失的补偿减轻了损害,巩固了农业生产经营的稳定性预期。例如,在洪涝灾害期间,参保的水稻种植户获得了保险理赔,得以迅速恢复生产,避免了因灾致贫。

6.1.4 山西省农业数智化发展状况

山西省位于黄土高原东部,地形以山地和丘陵为主,占比超过总面积的60%。该地区海拔普遍介于1 000至2 000米,地势变化显著,坡度较大且耕地分布零散。该省属于温带大陆性半干旱季风气候,降水量偏少且分布不均,年降水量通常在400至600毫米范围内,农业常遭受干旱和霜冻等自然灾害的影响,是典型的北方旱作农业区。水资源匮乏成为限制农业发展的关键因素之一。土壤种类繁多,以褐土、栗钙土为主,土壤肥力整体偏低,某些区域的土壤正面临沙化和盐碱化的严峻挑战,需要通过改良来提高农田的质量。山西省被誉为"小杂粮王国",其谷子、杂豆、莜麦等小杂粮产量在全国前列，同时，苹果、红枣、核桃等干鲜果品产量非常可观，位居全国前列。该省还蕴藏着丰富的中药材资源，例如党参和黄芪等，具有极高的经济价值。由于气候、地带性差异显著，生物物种丰富，山西省成为中国特色农产品优势区、国家重要的生态安全屏障和农牧交错区，具备发展生态农业和特色农业的天然优势。随着数智技术的飞速发展，数智化已成为推动各产业变革的重要力量。山西省积极探索数智化与农业的融合在农业基础设施数字化、生产经营智能化、大数据应用、产业融合以及人才与技术支撑等方面取得了显著成效。

农业作为国家经济的根基产业，其高质量发展对确保国家粮食安全、推动农村经济增长以及实现乡村振兴战略目标至关重要。数字化与智能化凭借其关键的数据资源、依托现代信息网络以及信息通信技术的有效运用成为提高效率和经济结构优化的强劲动力，正在深入地重塑农业生产方式、经营模式及产业形态。山西省在数智化与农业融合发展方面进行了积极的探索与实践，形成了一系列具有特色和成效的模式与经验，值得深入研究与借鉴。山西省大力推进农村地区网络基础设施建设，重点布局 5G 网络基站。截至 2024 年底山西已累计建成 10.70 万个 5G 基站，实现了 100% 的县城城区以及 100% 的乡村镇区 5G 网络覆盖。这一广泛的网络覆盖率为农业生产过程中的精准数据采集、实时信息传输以及远程智能控制等数字化应用提供了高速、稳定的通信保障。在智能灌溉系统中基于 5G 网络能够实现对灌溉设备的精准远程操控，农民可以根据土壤湿度传感器实时反馈的数据及时调整灌溉水量和时间，来提高水资源利用效率从而减少人力投入。

山西省积极推动农业生产设施的数字化和智能化升级。对传统的大中型拖拉机、联合收割机等农业机械进行加装改造，在此基础上配备基于北斗导航和 5G 通信的定位导航系统、自动驾驶辅助系统等智能装置，促使农机作业能够实现高精度的自动驾驶、精准作业路径规划以及作业数据的实时采集与上传。在农作物种植过程中，智能化农机可按照预设的种植方案进行精准播种、施肥和收割，以此来确保作业的均匀性和准确性，进而提高农业生产效率和农产品质量。不仅如此,在畜禽水产养殖领域中对养殖设备进行信息化、智能化改造可安装智能环境监测系统、自动投喂装置和疫病预警系统等,通过传感器实时监测养殖环境的温度、湿度、氨气浓度等参数来调节环境控制设备,以此为畜禽水产提供适宜的生长环境;根据养殖动物的生长阶段和采食规律进行精准控制投喂量和投喂时间,从而降低饲料浪费和养殖成本;利用疫病预警系统对养殖动物的健康状况进行实时监测和分析,提前发现疫病风险,及时采取防控措施,实现保障养殖产业的健康发展目标。

山西滴滴农业发展有限公司创新打造了"滴滴农机"数字化服务平台。该平台借助移动互联网和大数据技术将分散的农机资源与农户的作业需求进行高效对接,农户只需通过手机 App 或微信小程序便可便捷地发布农机作业订单,还可以详细说明作业类型(如耕地、播种、收割等)、作业面积、作业时间要求等信息。平台利用大数据算法对订单进行智能匹配,可将订单快速推送给附近合适的农机手,而农机手在接到订单后可以直接按照订单要求前往作业地点开展服务,且在作业完成后通过平台获取相应报酬。这种模式极大地提高了农机的使用效率,还减少了农机闲置时间,也方便了农户及时获取高质量的农机作业服务,以降低农业生产成本,从而促使农业生产的专业化和规模化发展。

山西省某些区域开创了"土地银行"的新型模式,其核心在于数据共享,以及农村土地资源的整合。通过构建土地信息数据库系统整理了农户手中的零散土地信息,记录了土地的面积、地理位置、肥力状况、承包期限等关键数据。在此基础上实现了零散土地的集中,并统一流转给具备规模经营能力的主体和大型种植户以实施连片耕作。借助大数据平台土地流转交易得以公开、公正地进行撮合,确保了流转价格的合理性及程序的规范化。此种模式促进了土地的适度集中与规模化经营,有助于农业生产要素的优化配置以及农业新技术与新品种的广泛推广与应用。例如,某县通过"土地银行"模式将全县零散土地集中流转,吸引大型农业企业入驻,同时,开展规模化种植和特色农产品生产能够显著提升农业生产效益,稳定增长土地流转农户收入。

山西省正在构建一套涵盖综合性与专业性功能的农业大数据管理体系,该体系囊括了生猪、棉花、大豆等农产品的全产业链大数据平台以及包括高标准农田、农药与兽药使用、新型农业经营主体在内的专项大数据管理系统。这些平台整合农业生产、加工、流通、销售等环节数据资源,涵盖气象、土壤、种质资源、市场价格、政策法规等多方面信息。通过数据采集、存储、清洗、分析和挖掘来实现农业产业全链条数字化监测、预警和决策支持。例如,生猪全产业链大数据平台实时跟踪生猪养殖存栏量、出栏量、饲料消耗、疫病发生等生产数据,结合市场价格走势、消费者需求变化等市场数据来为养殖企业和农户提供精准生产计划制定、疫病防控策略调整以及市场销售时机选择等决策建议,以有效降低生猪养殖市场风险和生产经营成本。

在农业生产实际应用中,农业大数据发挥着日益重要的作用。以太谷县金铭农牧科技公司为例,其打造的"猪小智"数字基础设施通过在猪舍内安装智能摄像头、轨道机器人、电子耳标等设备,实现了对猪只生长全过程的数字化监测与管理。智能摄像头能够实时采集猪只的图像和视频信息,利用图像识别技术自动识别猪只的个体身份、生长状态(如体重、体长、体膘等)以及行为特征(如采食、饮水、休息、运动等);轨道机器人可在猪舍内自动巡航,采集环境数据(如温度、湿度、氨气浓度等)和猪只的健康数据(如体温、呼吸频率等);电子耳标则作为猪只的唯一身份标识,记录其个体信息和养殖历史数据。通过对这些多源数据的整合与分析,"猪小智"系统能够为母猪的测孕、调膘提供精准指导,根据每头母猪的个体情况制定个性化的饲养方案,提高母猪的繁殖性能和养殖效益。同时,系统还能够对猪群的疫病风险进行实时预警,一旦发现异常情况,及时通知养殖人员采取相应的防控措施,有效降低了疫病的发生和传播风险,保障了生猪养殖产业的健康稳定发展。

山西省充分利用物联网、大数据、人工智能等数字技术,进而深度挖掘农业农村的生态、文化和旅游资源，推动农文旅多元化融合发展。通过打造智慧农业旅游景区，将农业生产过程、乡村自然风光、民俗文化等元素进行有机整合，为游客提供个性化、沉浸式的旅游体验。一些乡村旅游景点利用物联网技术实现了对田园景观、果园采摘、农事体验等项目的智能化管理和实时信息推送。游客可以通过手机应用程序提前了解景区内的农作物生长情况、农事活动安排以及旅游线路推荐等信息，并且可以进行在线预约和购票。此外，在景区内，智能导览系统根据游客的位置和兴趣偏好为其提供精准的语音讲解和游览路线规划，不仅如此，还利用大数据分析游客的消费行为和反馈意见，使得景区经营者能够及时调整旅游产品和服务内容，从而提升游客满意度和旅游经济效益。这种农文旅融合模式不仅拓展了农业的功能和价值，促进了农村第一、二、三产业的深度融合，为乡村振兴注入了新的活力，带动了农村就业和农民增收。

山西省积极实施"互联网+"农产品出村进城工程且大力发展农村电商新基建，同时培育农产品网络品牌并构建高效便捷的农产品电商流通体系。山西省通过加强农村电商服务站点建设，整合物流配送资源，完善农产品质量追溯体系，为农产品的电商销售创造了良好条件。例如，武乡县通过打造"谷语系统"，对农产品的"加工—仓储—物流—电商—追溯"各个环节进行数字化改造。在农产品加工环节，可利用数字化设备对农产品的加工过程进行标准化控制来确保产品质量稳定；在仓储环节，通过智能仓储管理系统实时监测库存数量、温度、湿度等信息以实现科学的库存管理；在物流环节，与多家物流企业合作建立物流信息共享平台，优化物流配送路线、提高配送效率；在电商环节，积极搭建农产品电商交易平台，开展网络直播带货、农产品众筹等新型营销活动，并且拓宽农产品销售渠道；在农产品追溯体系中为每件产品分配独特的二维码标识，消费者通过扫码便能查看到产品的产地、栽培过程、加工方法、检测报告等详尽信息，从而提升消费者对农产品的信赖度。得益于"谷语系统"的运作，武乡县的农产品在电子商务平台的销售额显著提升。这一长效机制的建立不仅有效解决了农产品销售难题，也推动了农民收入的增加和农业产业的持续发展。此外,"谷语系统"还有助于监管部门对农产品质量安全进行有效监管。在这个过程中,监管部门一旦发现农产品质量问题,能够迅速追溯到问题源头,及时采取措施进行处理,提高了农产品质量安全监管的效率和精准度。

此外,山西省在全省范围内建立了多个农产品质量安全监测站点,并配备先进的检测设备和数据采集传输系统。这些监测站点负责实时搜集农产品生产环境中的土壤、水质、气象等信息,以及农产品中的农药残留、兽药残留、重金属含量等质量参数。所采集数据通过无线网络迅速传输至省级农产品质量安全监管系统。该监管系统借助大数据分析手段对上传数据进行整合、分析与挖掘,以便监管部门及时监控全省农产品的质量安全状况,并对潜在的质量安全风险实施预警。此外,农产品质量安全监管数据库对农产品生产企业、农民合作社、家庭农场等新型农业经营实体的生产与经营信息进行详尽记录与管理,实现农产品从源头到终点的质量安全追溯与全面监管。在重大病虫害监测领域,采用无人机、智能虫情监测设备等技术进行实时监控与预警,一旦发现病虫害蔓延迹象,便能迅速通知农户及农业管理部门采取相应的防治措施,从而有效降低病虫害对农产品产量和质量的不利影响。

在人才培养方面,山西省针对农业数字化转型需求建立了多层次、多渠道的人才培训体系。一方面,整合农业院校、科研机构、电商企业等各方资源,开展面向农业农村人才的数字化技能培训,内容涵盖农业物联网技术应用、大数据分析、农产品电商运营、智能农机操作与维护等多个领域,而培训对象包括新型职业农民、农业经营主体负责人、农村电商从业者等不同群体。通过举办线下培训班、线上网络课程、实地操作演示等多种形式为学员提供系统、全面的数字化知识和技能培训。另一方面,鼓励各地开展农村电商人才孵化项目,通过提供创业培训、场地支持、资金扶持等优惠政策,吸引年轻人返乡创业投身农村电商领域。这些返乡创业人才带回了先进的电商理念和技术,还带动了当地农产品的网络销售和品牌建设,从而为农村经济发展注入了新的活力。

山西省积极推进农业企业与科研机构、高等学府之间的产学研协同，联合开展农业生产数字化的关键技术研发及其应用推广工作。该省设立了众多农业科技创新专项资金，旨在激励科研机构与企事业单位踊跃参与国家科技计划项目的申报，并针对农业数字化转型过程中遭遇的技术难题展开联合研究。例如，一家农业科研机构与农业企业携手合作，共同研制了一套基于人工智能技术的农作物病虫害智能诊断系统。该系统通过学习与分析大量的农作物病虫害图像数据，能够迅速且精确地辨识多种病虫害种类，并向农户提供相应的防治策略。目前该系统已在全省多个农业产区进行示范推广应用，有效提高了农作物病虫害的防治效果和农业生产效率。产学研合作平台加强了农业科技成果的转化和应用促进了农业新技术、新品种、新装备在农业生产中的快速推广普及，从而推动了山西省农业数字化水平的整体提升。

在数智化与农业融合的进程中，山西省政府扮演了重要的引导角色，颁布了多项扶持政策，如根据本地实际情况制订农业数字化发展的规划，确立发展目标、核心任务及保障策略；设立专门的财政资金，增强对农业数字基础设施构建、大数据应用平台研发、农业科技创新和人才培养等领域的投入；出台税收减免、金融支持等政策，激励农业企业、科研单位、电商平台等主体投身于农业数字化转型，构建政府引导、市场参与者踊跃参与的健康发展格局。健全的农业数字基础设施是数智化与农业深度整合的基础。各地可以参考山西省在网络通信设施及农业生产设施智能化改造的举措，加大对农村地区 5G 网络、物联网基站等信息基础设施建设的扶持，提升农村地区的网络覆盖与信号品质。推动农业机械、灌溉系统、养殖设备等传统生产设施的数字化与智能化升级，为农业生产的精准数据采集、智能控制及远程管理提供硬件基础，从而提高农业生产的效率与品质。

农业大数据蕴含着巨大的价值，山西省在农业大数据管理平台建设和应用方面取得了一定成效。其他地区可借鉴其经验加强农业大数据资源整合与开发利用，并构建涵盖农业全产业链的大数据管理体系，以实现对农业生产、加工、流通、销售等环节数据的全面采集、存储、分析和共享；利用大数据分析技术为农业生产决策提供精准支持如精准种植、精准养殖、精准营销等；通过大数据监测预警功能及时掌握农业市场动态、自然灾害风险、疫病发生情况等信息，以便提前制定应对措施，从一定程度来降低农业生产经营风险。

此外，山西省在农文旅融合和农产品电商发展方面的实践，为农业产业融合提供了成功范例，也给了各地应充分挖掘本地农业与文化、旅游、电商等产业的融合点并培育多元化的农业产业融合业态的启示。借助数字化手段，创建智慧型农业旅游目的地，并开发具有地方特色的农业旅游产品及路线，以促进农业与旅游业的深度结合。同时，强化农村电子商务基础设施的构建，以培育农产品的网络品牌，进一步完善电子商务供应链系统，从而推动农产品网络销售，拓展农业产业的发展领域。

6.2 对比分析与启示

6.2.1 国内四省农业数智化发展情况对比分析

江苏、山东、吉林、山西这四个省份的数智化赋能农业高质量发展的案例可以看出，这四个省份都有自己的特征，都是根据自身的情况开展数字农业，并制定相关政策。其中，江苏和山东作为农业现代化较高的省份，已经具备了较为完善的数字农业发展体系，在数字经济时代，数智技术和两个省份相关政策的支持，让其农业产业体系、生产体系的建设已经见到成效，有助于推动农业高质量发展，实现农业的创新、协调、共享、开发、绿色发展，提升农业经济效益和农民收入水平。与江苏和山东相比，吉林和山西的数字农业发展水平较低。吉林作为中国重要的粮食产地，与其他省份有些许相似之处，比如人口众多、农业科技水平较发达省份较低等；而山西是全国著名的"小杂粮王国"，有丰富的农业特色资源，因此，虽然数字农业在吉林和山西还处于起步阶段，但仍有可借鉴之处。

总的来说，通过对江苏、山东、吉林、山西四个省份数智化赋能农业高质量发展方法的对比，能为其他省份将数智化更好地融入农业现代化体系构建，推动农业高质量发展提供重要启示。

6.2.2 国内四省农业数智化发展启示

在当前数字化与智能化迅猛发展的背景下，农业的数字化转型已成为促进其高品质增长的核心途径。江苏、山东、吉林、山西积极探究智能化农业的新模式，并显著提高了农业生产效率且优化了农业产业结构并确保了农产品的质量安全，积累了诸多可供借鉴的成功经验。河北省作为我国的一个农业大省拥有较为完善的农业产业体系。其主要农产品有小麦、玉米、棉花、蔬菜和水果等，尤其是蔬菜和水果的产量在国内位居前列。同时，畜牧业亦较为发达，生猪、奶牛、肉牛和肉羊的饲养规模较大。尽管如此河北省的农业发展亦面临诸多挑战，如农业资源环境的限制日益严峻，特别是水资源匮乏和耕地质量下降等问题尤为显著。此外，农业产业化的水平亟须提升，且农产品的加工增值潜力尚未充分挖掘，且品牌影响力尚显不足。河北省农业生产经营主体的规模普遍偏小且分布零散，小农户与大市场之间的衔接不畅。鉴于此，河北省需深入学习和借鉴其他先进省区的经验，以加速推进农业数字化进程。

近年来，河北省在推进农业数字化进程上取得了一定成就。在构建农业信息化基础架构领域，农村网络覆盖率逐步提高，部分地区已开始试点5G网络在农业生产中的应用。在农业物联网应用方面，一些农业园区和企业开始尝试应用智能灌溉、智能温室、智能养殖等物联网技术，以提高农业生产的自动化和精准化水平。如饶阳县的蔬菜种植基地采用智能温室控制系统，从而实现了温室内温度、湿度、光照等环境参数的自动调节，蔬菜产量和品质得到显著提升。

但河北省农业发展在数智化发展方面仍面临多方面的挑战。其一，农村地区网络覆盖率和服务质量仍有待提高，5G网络和物联网基站建设滞后，这严重制约了农业数字化应用的发展。同时，农业生产设施智能化程度较低，传统农业机械、灌溉设备、养殖设施等亟待进行数字化、智能化升级改造，以提升农业生产效率和农产品质量。其二，河北省农业发展还面临着大数据应用水平不高的问题。农业大数据平台建设滞后，数据资源整合与开发利用不足，难以有效发挥大数据在农业生产决策、市场分析、风险管理等方面的作用。其三，农业信息化人才缺乏且数据分析能力和应用水平有待提高。缺乏既懂农业又懂信息技术的复合型人才，极大限制了农业科技创新和数字化转型的步伐。此外，农业科技创新能力不足与科研机构和高校的产学研合作不够也导致科技成果转化率低。其四，产业链融合发展不足也是河北省农业发展面临的挑战之一，农业产业链条短且农产品附加值低，使得第一、二、三产业融合发展程度不高，限制了农业产业效益的提升和农民收入的增长。此外，农产品电商发展水平滞后，同时农产品销售渠道单一，并且品牌建设力度不足，制约了农产品的销售和品牌影响力的提升。其五，河北省农业发展模式亟待创新，传统农业生产模式难以适应市场需求变化，需要探索更加集约化、智能化、生态化的农业发展模式，以提高农业资源利用效率和可持续发展能力。其六，河北省农业风险管理机制不完善，缺乏有效的应对自然灾害和市场波动的措施，这增加了农业生产经营的风险。

6.3 本章小结

本章介绍了江苏、山东、吉林和山西数智化赋能农业高质量发展的实践案例，四省在提升农业生产效率、优化农业产业结构、保障农产品质量安全等方面取得了显著成效，形成了一系列可资借鉴的经验做法。如山东省依托数智农业综合服务平台，打造数智农业标杆企业，推动农产品电商与品牌建设；吉林省聚焦现代化农业发展，实施机械强农行动，智慧农机具普及应用，农业生产效率大幅提升，智慧农业实践成效突出。根据四省在农业数智化基础设施构建、生产经营模式创新、大数据与物联网应用、产业融合及人才技术支撑等方面的实践成果，结合河北省农业现状与特色，提出河北省应从夯实数智化农业基础设施、深化农业大数据应用、加强人才培养与技术创新合作、促进农业产业融合、创新农业生产经营模式、增强农业抗风险能力等多维度发力。通过全方位的数字化和智能化手段为农业的高质量发展注入动力，从而提高河北省农业的现代化程度，加强其市场竞争力并有效推动乡村振兴战略的深入执行。

第7章 数智化赋能河北省农业高质量发展的实现路径

7.1 制定数智农业专项发展规划，引领河北数智化农业创新发展

7.1.1 构建法治化政策框架，确保数智农业长期发展

（1）完善数智农业政策内容

研究显示，政府的干预可以显著推动农业高质量发展。因此，为促进河北省数智农业发展，政府可以制定针对性的政策。河北省数智化发展水平虽然在逐年提高，但各市之间的数智化水平仍存在较大差异，政府仍需明确数智农业重点任务，将数智农业基础设施建设、关键技术研发、应用示范推广、人才培养、资金保障等列为重点任务。各市政府可以根据自身短板制定相应的政策措施，建立数智农业监督管理机制和数智农业协调机构，制定数智农业发展规划，并监督政策实施，确保数智农业发展有序进行。

河北省应明确数智农业技术推广的范围、方式、经费保障等，并制定相应的激励机制，促进数智农业技术广泛应用。此外，河北省还应加强对数智农业与农产品质量安全的监管，确保数智农业技术在以后农产品质量安全管理方面的应用，包含规定相关技术标准、应用范围和监管的措施等方面，从

而保证农产品质量安全。河北省还应重视农业数据安全和隐私保护，确立农业数据在采集、储存、运用、交换、流通等过程中的安全及隐私保护措施至关重要，同时构建农业数据安全分级保护体系、数据安全风险评估机制以及数据安全事件响应预案等，以确保数据管理的规范性，保障农业数据安全和农民隐私权益。

（2）制定数智农业专项发展规划

河北省在智慧农业上已经有了新的方向，在《河北省智慧农业示范建设专项行动计划（2020—2025年）》中已经明确指出河北省未来发展的新方向就是智慧农业。但随着数智农业技术的快速发展，目前的整体计划可能难以满足当前和未来数智农业发展的需求。例如，在规划目标方面，现有的规划目标较为宏观，可能需要更加细化，针对不同地区、不同产业、不同主体的数智农业发展目标进行差异化设定；在重点任务方面较为宽泛，可能需要更加聚焦，针对数智农业发展中的关键问题进行重点突破；此外，现有计划落实及评价体系不够完善，评估指标较为匮乏且不规范，评估结果应用不足；并且现有的规划缺乏详细规范的行动计划，宣传普及力度不足，导致社会各界对数智农业发展规划的认知度不高。

为确保数智农业发展规划的有效实施，河北省需要采取一系列细化措施来确保农业规划目标的顺利实现。其一，根据各个地区的资源禀赋、产业基础和发展阶段等不同特性将河北省划分为平原、山区、沿海等不同区域，进而为各区域定制差异化的数智农业发展目标。如平原地区可以重点发展精准农业、设施农业、规模化养殖等，这些产业可以提升农业生产效率和产品质量；生态农业、休闲农业、特色农业等也是一些有前景的发展方向，它们可以达到促进农业产业结构调整和农民增收的目标；沿海地区可以将发展方向着重放在海洋渔业、水产养殖等产业上，以打造海洋经济新引擎。其二，河北省可以将规划目标分解为短期、中期、长期三个方面，制定出相应的实施步骤和保障措施，以达到逐步实现目标的效果。例如，短期目标（2023—2025年）将重点放在数智农业基础设施建设上，突破一批关键技术，开展一批应用示范，培养一批人才，为全面推动数智农业发展奠定基础；中期目标（2026—2028年）重点推广数智农业技术，提升数智农业应用水平，初步建成数智农业发展体系，促进农业产业转型升级；长期目标（2029—2035年）全面建成数智农业发展体系，实现农业现代化，促进农业农村现代化。其三，河北省数智农业发展中的关键问题依旧需要被讨论，例如，农业数据采集和共享机制不完善、数智农业人才缺乏、数智农业产业链条不健全等。河北省应制定相应的解决方案和政策措施，围绕农业生产、经营、管理、服务等各个环节，选择重点领域进行突破，例如，可以在智慧种植、智慧畜牧、智慧渔业等领域进行大力发展。为了更好地评估规划实施情况，河北省还可以建立由多部门组成的数智农业发展规划实施评估机构，并制定科学、合理的数智农业发展规划实施评估指标体系，包括数智农业基础设施建设、技术研发、应用推广、人才培养、资金使用等方面的指标，通过定期开展评估工作以便及时发现和解决问题，进而有利于规划目标的完成。

此外，依据既定规划目标和关键任务需拟定详尽的行动方案，其中应包括具体的行动目标、执行步骤、职责分配及保障措施等。行动方案的项目化处理应明确项目目标、操作流程、时间安排及负责人等事项，以确保项目的顺畅执行进一步促进河北省数字智能农业的显著进步。强化数字智能农业发展规划的宣传力度，通过新闻发布、网络平台、农民教育等多途径普及规划内容以提升社会各界对数字智能农业规划的了解和参与度，借此营造有利的发展环境，激发社会各界参与数字智能农业建设的热忱。河北省还可以组织举办数智农业发展论坛、培训班等活动，宣传数智农业发展理念和技术提升农民的数智素养进而促进数智农业技术的推广应用。

（3）加大财政资金投入力度

首先，设立数智农业发展基金，提高社会资本参与度。根据上一章关于河北省农业高质量发展的测度结果显示，2013—2022年河北省农业高质量发展水平逐渐增加且增速明显，但河北省各市发展水平不尽相同，因此，为加速农业高质量发展，河北省可以在发展水平落后的城市设立数智农业发展基金，吸引社会资本参与，形成政府引导、市场运作、社会参与三种方式共同融合的多元体系。基金会重点投资于数字农业基础设施建设、关键技术研发、人才培养、应用示范推广等方面，为数字农业发展提供强有力的资金支持。基金运作方面，政府要负责制定基金章程、监督管理基金运作并提供必要的政策支持，确保基金运作符合国家法律法规和产业政策方向，同时政府也要积极引导社会资本参与基金投资，通过扩大基金规模来增强投资能力并形成多元化的资金来源，以避免单一资金渠道带来的风险；基金管理方面，可以引入专业的基金管理公司负责基金的具体运作，以确保基金运作的专业化和市场化。此外，数智农业发展基金应建立健全基金管理机制以确保基金运作的规范性和透明度。基金管理委员会负责基金的管理和运作并承担制定基金章程，明确基金的投资方向、投资范围、投资方式、风险控制等任务。基金管理机构应当构建一套信息公示体系，通过定期公布基金运营状况以实现接受公众监督的目的。成立数智农业发展基金以吸引和指导社会资本投入将促进河北省形成多样化的数字农业资金投入格局从而为数字农业的发展提供坚实的资金保障。此举不仅推动河北省数字农业发展迈出重要步伐，也为农业高质量增长提供了有力支撑，并有助于乡村振兴战略的贯彻落实。

其次，优化财政资金使用结构。河北省农业高质量发展在很大程度上受农业数字化程度的影响，因此河北省须将财政资金从传统农业生产方式转向数字农业发展的关键领域和薄弱环节，以提高资金使用效率，确保资金发挥最大效益，推进河北省农业数字化进程，从而促进河北省农业转型升级。其中，农业农村大数据中心、物联网感知系统、农业信息化服务架构等基础设施的构建构成了数字农业发展的根本保障。完善这些基础设施可以实现农户对农业生产环境的实时监测、对农业生产过程的精准控制，监管部门对农产品质量安全的全程追溯，为数字农业发展提供有力保障。此外，对农业关键技术研发的投入力度需要加大。为克服数字农业发展的制约因素，需着力研发农业传感器技术、智能农业机械、人工智能以及区块链技术等核心科技。深化这些技术的研究与开发将有助于增进农业生产效率、优化农产品质量并推动农业产业的转型升级,引导河北省农业朝现代化与智能化迈进。而数字农业应用示范项目是一条推广数字农业技术和管理模式的重要途径。数字农业应用示范项目的建设既可以展示数字农业的优势,也能带动数字农业规模化发展,还可推动数字农业技术和管理模式在全河北省的应用推广。

再次,对传统农业生产方式的补贴需要进一步缩减,将省下来的资金用于支持数字农业发展。减少对传统农业生产方式的补贴可以引导农民转变生产方式,推动河北省农业向现代化、智能化方向发展。降低一般性支出份额旨在提升财政资金的使用效能。由于财政资源的有限性,政府须将资金精准投放在关键领域,以确保资金能够产生最大的效益,为数字农业的发展提供充分的财政保障。

最后,通过建立绩效评价机制来提高资金使用效率。绩效评价指标需要根据河北省数字农业发展的不同领域和阶段进行调整,以确保指标的科学性和可操作性。在数字农业基础设施建设方面,可以重点关注基础设施覆盖率、网络覆盖率、平台使用率等指标,这些指标可以用来评估基础设施建设能否与数字农业发展的需求相匹配;对于关键技术研发这个层面,技术突破数量、科技成果转化率等指标应该得到重点关注,它们可以评估技术研发是否获得充满真实性的进程;领头项目数量、领头项目覆盖率、技术应用效果等指标是应用示范推广方面的重点参考指标,它们可以评估示范项目的推广效果;在人才培养方面,关注点应放在人才培养数量、人才培养质量等指标上,以确保人才培养能满足数字农业发展的需求。

7.1.2 加大关键技术研发力度,推动农业科技创新

(1)加强数智农业基础研究

根据现有的测算,河北省的农业新质生产力水平处于中等水平,有很多需要向先进地区学习的地方。

第一,设立农业科技创新平台,吸引国内外人才,推进基础理论研究与尖端技术探索工作。河北省可以借鉴浙江省的"之江实验室"模式,设立省

级农业科技创新平台，聚集国内外农业科技人才，实施农业领域的基础性研究及先进技术研发项目。该平台计划成立若干专业研究中心，各自承担数字农业、智能化农业机械、农业生物技术，以及农业生态环境等方向的研究任务。该平台拟与国内外高等教育机构、科研机构及企业携手合作，共同创建联合研究实验室。还要开展协同创新，设立青年科学家基金来支持青年科技人才开展基础研究和前沿技术研发活动。

第二，促进农业科学、信息技术、人工智能等多个领域的交叉融合。在农业科技发展方面，多学科交叉融合能够形成新的合力，促进农业科技发展水平的提升。河北省可以借鉴中国农业大学的"智慧农业学科群"模式。加强农业科学、信息技术、人工智能等学科的交叉融合要培养复合型人才以此推动科技创新。高校可以设立智慧农业学院并开设智慧农业、智能农业装备、农业大数据、农业人工智能等专业来培养具备农业科学知识和信息技术能力的复合型人才。高校还可以与科研院所、企业等合作，一同建立产学研一体化平台实现开展科技攻关和成果转化。

第三，增强农业基础研究的力度。农业基础研究作为农业科技创新的活力源泉，对其投入力度需要不断加大。河北省可以借鉴美国农业部的"农业研究服务局"模式，加大对农业基础研究的投入。高校、科研院所开展农业基础研究，可以从农业基础研究专项资金获得支持。资金可以用于农业科学、信息技术、人工智能等领域的理论研究、应用基础研究和前沿技术研发，农业科技创新平台的建设和发展也能够得到助力。

（2）突破数智农业关键技术

第一，聚焦智能感知技术，研发和应用智能传感器、无人机、遥感等设备。智能感知技术是发展数智农业的基石，对农业生产环境、作物生长状态、畜禽健康状况等信息进行实时监测和采集，为农业生产决策提供科学依据。借鉴浙江省"丽水市莲都区"模式，利用无人机进行棉花病虫害监测和防治，提高棉花产量和品质。同时，探索无人机在小麦、玉米等粮食作物种植中的应用，进行农田巡视、精准施肥、植保作业等工作。借鉴美国农业部的"农业资源卫星计划"模式,利用遥感技术监测农作物种植面积、长势和产量,为农业生产管理和决策提供数据支持,同时也有助于其在农业资源环境监测、农业气象灾害预警等方面的应用。

第二,将发展中心转移到大数据分析技术上来,为农业生产决策提供数据支撑。大数据分析技术是数智农业的重心,凭借这项技术,海量的农业数据被挖掘和分析。然而,河北省农业大数据分析技术还存在很多不足,比如农业大数据本身的海量、多源、异构所产生的问题还未得到有效解决等。基于此,建议构建一个涵盖数据搜集、储存、加工、分析与运用等多个环节的综合平台——河北省农业农村大数据平台。该平台旨在融合多样化的农业数据资源,涉及农业生产信息、农产品市场动态、农业资源与环境数据等信息,并研发多种大数据分析工具与应用,如农产品市场分析、农业生产预测、农业风险评估等工具,为河北省农业生产管理和决策提供智能化服务,并推广大数据在河北省农业生产领域的应用案例,例如,借鉴江苏省"南京市浦口区"模式,利用大数据分析技术进行小麦病虫害预测和防治,提高小麦产量和品质。

第三,大力推广人工智能应用来实现农业生产自动化、智能化。人工智能技术是数智农业的前景展望,这项技术不仅能实现农业生产的自动化、智能化控制,还能提高农业生产效率并且保证产品质量。河北省的人工智能技术在农业领域的应用有一定的进展,但仍存在一些问题,如数据获取难度大,使用成本高等,因此可以加大对人工智能的资金投入和研究力度,开发和推广各类智能农业装备,如智能拖拉机、智能收割机、智能温室等,以实现河北省农业生产的自动化、智能化控制;推动人工智能在农业领域的应用,例如,借鉴日本筑波大学模式,利用人工智能技术进行小麦种植管理,提高小麦产量和品质;加强人工智能方面的人才培养力度,为其在河北省农业领域的应用提供强有力的人才支撑。

(3)促进数智农业科技成果转化

第一,建设科技成果转化平台来提高科技成果转化和应用效率。建设集科技成果展示、推广、交易、服务于一体的数智农业科技成果转化平台，为农业经营主体提供便捷、高效的科技成果转化服务。例如，借鉴浙江省"浙江省农业科技成果转化平台"模式，建立线上线下相结合的平台，线上平台展示科技成果、发布技术需求、进行技术转让，而线下平台提供技术咨询与培训、项目对接等服务。为促进科技成果与农业生产需求得到有效对接，平台可以提供科技成果信息发布、技术需求对接、项目合作洽谈、科技成果评估、技术交易等服务从而有利于科技成果的加速转化。

第二，完善科技成果转化机制，激励科研人员踊跃投身科技创新，释放其创新潜能。完善科技成果转化的奖励体系，以促进科研人员参与科技成果的商业化过程，并使其能够分享转化成果所带来的经济利益。研究构建科技成果转化收益分配机制，合理的分配机制能保证科研人员按照这个机制获取科技成果转化带来的经济收益，有助于保障科研人员的科研创新热情。此外，河北省可以参考广东省实施的"科技成果转化奖励制度"，设立专门的科技成果转化奖励基金，对在科技成果转化方面作出显著贡献的科研人员予以奖励，从而支持科研人员共享科技成果转化带来的经济成果。

第三，产学研深度合作促使科技成果快速转变为现实生产力。加强农业科研院所、高校与企业之间的合作同时创建产学研合作平台来使科技成果得到快速转化。例如，可以借鉴江苏省"南京农业大学—江苏隆平高科合作模式"来建立校企合作平台并积极探索建立产学研合作项目库，同时鼓励农业科研院所、高校与企业开展合作研发并共同攻克农业技术难题，以推动科研成果应用于农业生产实践。健全产学研合作激励体系并鼓励农业科研院所、高校与企业进行深入合作，推动科技成果的加速转化。

7.1.3 实施试点项目，建立数智农业示范与推广体系

（1）开展数智农业试点示范

第一，选择具有代表性的区域开展数智农业试点示范，探索发展模式。河北省可以选择具有以下特点的区域开展试点。其一，农业生产条件较好、农业产业化程度相对高、农业科技水平较先进的区域。河北省内一些现代农

业园区、农业科技园区、农业产业化龙头企业聚集区等就可以作为参考。例如，昌黎县通过建设互联网农业综合服务平台来为农民提供便捷的农业信息服务。其二，数字基础设施完善、数字农业发展氛围浓厚、数字农业人才队伍较为健全的区域，可以选择河北省内一些信息化水平较高、数字农业发展较快的区域。例如，藁城区建成了智慧农场平台，实现了农业生产智能化管理。其三，地方政府高度重视数字农业发展、能够提供政策支持和资金保障的区域，可以选择河北省内一些将数字农业发展作为重点发展方向的区域。例如，丰南区建成数字农业示范园，集成多种数字农业技术为农业生产提供技术支持。

第二，确定试点内容，开展技术应用和模式创新。试点内容应聚焦河北省优势特色产业，具体来说：小麦、玉米可探索应用遥感、无人机等技术进行作物长势监测、病虫害预警、精准施肥等，提高粮食生产效率和品质；棉花可以推广智能灌溉、精准施肥、无人机植保等技术，提升棉花生产效率和品质，打造棉花全产业链数字化应用示范；为蔬菜、水果建设智能温室大棚，应用环境监测、水肥一体化、病虫害防治等技术，推进设施农业的智能化管控来提升农产品质量及市场竞争能力；针对花生种植，推广水肥一体化、精确灌溉、机械化采收等技术，提高花生的生产效率及品质，构建花生产业链的数字化应用示范。结合河北省农业发展实际着手数字农业基础设施的构建，强化农业物联网、大数据中心、云计算基础设施的建设，提高农业信息化程度，为数字农业的发展奠定基础。此外，推动农业生产经营管理的数字化转型，普及农业生产经营管理软件，进而实现农业生产流程的智能化管控、农产品质量安全的追溯体系、农业经营决策的科学研究，从而提升农业生产的效率和管理水平。进一步，实施数字化农业科技服务，建立农业科技服务平台，提供科技信息、专家咨询、远程诊断等服务，增强农业科技服务的效能，促进科技成果的转化应用。试点项目还应涵盖农产品营销的数字化转型等方面。

第三，建立试点评估机制，总结经验，及时调整完善试点方案。为了保障试点项目取得显著成效河北省需适时归纳总结实施过程中的经验教训并构建一套既可复制又易于推广的标准操作模式。需要建立完善的试点评估机制和经验推广机制。其一，河北省应建立由农业农村部门、科技部门、财政部门、专家组成的试点评估小组，对试点项目进行定期评估，做到及时总结经验和调整完善试点方案。评价体系应涵盖试点项目的执行细节，如项目的进展速度、实现程度、资金运用状况等，以保障项目按预定计划顺利进行且资金得到合规使用。同时应评估试点项目的成效，包括项目在提升农业生产效率、改善农产品品质、增加农民收入等方面的具体影响。例如，需具体分析试点项目对粮食产出、农产品品质、农民增收等方面的贡献；试点项目经验，如评估试点项目在技术应用、模式创新、政策支持等方面的经验和教训，可以为后续试点工作提供参考。其二，河北省应当适时归纳试点项目的实施经验，并提炼出可复制且易于推广的模式，并在更广阔的地域内进行应用推广。此举可通过组织实地考察与学习交流活动、举办培训班、编制宣传资料、建设数字农业展示平台、开展数字农业宣传等方式推广试点经验：组织其他地区的农业部门、农业企业、农民合作社等人员到试点区域参观学习；举办数字农业技术培训、数字农业经营管理培训等培训班，提升农民的数字农业应用能力；编制数字农业技术手册、数字农业案例集等，方便农民学习和应用数字农业技术；通过数字农业展示中心、数字农业体验馆等让更多人了解数字农业；通过电视、广播、网络等渠道开展数字农业宣传，营造良好的数字农业发展氛围。其三，在评估机制和经验推广机制建设中，需要考虑河北省的实际情况，例如农业发展水平、数字农业发展现状、农民文化素质等因素，并根据不同地区的实际情况制定不同的评估指标和推广方式，加强农民数字农业应用能力培训，增强农民对数字农业的认知度及应用意愿。

（2）建立数智农业示范推广体系

第一，建立完善的示范推广机制。河北省应建立由政府、科研院所、企业等多方参与的示范推广领导小组负责统筹协调、指导监督示范推广工作以确保各项工作有序推进。不仅如此，还需要制订详细的示范推广计划以明确示范推广的目标、任务、时间节点、实施步骤等，确保示范推广工作有的放矢。在试点示范区域基础上，建立一批数智农业示范推广基地，周期性地组织实施数字智能农业的示范与普及活动，例如，开设数字智能农业技术培训课程、现场观摩会、经验交流会等，让农民深入了解数智农业技术，不断学习数智农业技术，从而提升数智农业应用水平。此外，需要充分利用各种媒体平台加强数智农业技术的宣传推广，以提高农民对数智农业技术的认知度和接受度，进而营造良好的数智农业发展氛围。

第二，建立健全示范推广服务体系。建立一批数智农业技术服务中心，给农户提供技术咨询、专项培训、技术支持等服务，帮助农民解决具体操作中遇到的问题，农民数智农业应用能力会得到有效提升。鼓励和支持企业发展数智农业服务，为农民提供数智农业技术应用服务，提供农业物联网设备安装、调试、维护等服务，推出农业大数据解析与决策辅助服务以及农业人工智能应用的相关服务，以降低农户采纳数字智能农业技术的难度进而提升数字智能农业技术的采纳效率。构建完善的数字智能农业技术教育体系，以促进技术的广泛传播与应用。为农民提供数智农业技术培训，提升农民的数智农业应用能力，可以开展线上培训、线下培训、田间学校等多种形式的培训，让农民能够随时随地学习数智农业技术，掌握数智农业应用技能。

第三，加强示范推广与产业发展的结合。促进数字智能农业技术在农业生产、加工、流通等阶段的综合运用，提高农业产业链的效率与收益。如利用农业物联网技术推进精准化农业实践，运用农业大数据技术推进智能化农业发展，并采用农业人工智能技术推进自动化农业操作，从而促进农业产业的优化与升级。以数字智能农业技术为核心，构建数字智能农业产业链，进而培育和发展数字智能农业产业集群，形成产业集聚模式效应，提升数智农业产业竞争力。建立数智农业技术研发中心、数智农业装备制造基地、数智农业服务基地等，形成数智农业产业生态圈。

第四，加强示范推广与政策支持的结合。数智农业技术需要同乡村振兴战略进行深度结合，此举旨在促进农村地区农业、工业以及服务业的产业融合与协同增长，助力农民实现收入增长与财富积累。探索并发展数字智能农业休闲旅游、数字智能农业电子商务、数字智能农业服务等新兴业态与创新模式，为乡村全面振兴注入活力。增强财政资金对这一领域的扶持力度，为示范推广工作提供资金保障；完善金融支持政策，鼓励金融机构为数智农业发展提供信贷支持，解决农民应用数智农业技术的资金难题。加强数智农业人才引进和培养，为示范推广工作提供人才保障。

7.2 构建数字化协同网络，提升河北农业产业链智能化管理水平

7.2.1 夯实信息基础设施，筑牢数字化发展根基

（1）优化网络覆盖，提升传输能力

网络是信息传输的通道，网络覆盖的广度和深度直接影响数智化应用的效果。作为农业大省的河北省，要想发展现代农业，离不开高效、稳定的信息网络支撑。优化网络覆盖，提升传输能力，是河北省实现农业高质量发展的基础保障。

第一，推进农村地区网络基础设施建设。河北省农村地区地域辽阔且地形复杂，网络基础设施建设相对滞后，这些成为制约数智农业发展的瓶颈。河北省可以采取以下措施来解决这一问题：其一，加快光纤网络建设。积极争取国家政策支持，加大农村地区光纤网络建设投入并推动光纤网络向偏远农村地区延伸，进而实现农村地区光纤网络全覆盖。其二，提升移动通信网络覆盖。加强5G网络建设力度的同时，扩大移动通信网络的覆盖范围实现无缝覆盖，提升网络信号强度来消除网络盲区，以确保偏远农村地区也能享受到快捷、稳定的移动网络服务。其三，发展卫星通信网络。在偏远地区可以探索发展卫星通信网络来作为地面通信网络的补充，有效确保信息传输

的畅通无阻。其四，推进网络基础设施的建设运维迈入新高度。建立健全网络基础设施运维机制，保证网络设施的正常运行和维护，以保障网络服务质量。

第二，提升网络传输速度和带宽。随着数智农业的发展日益增长，网络传输速度和带宽的需求也不断加大。为了满足这一需求，河北省需要做好三方面的工作。一是提高 5G 网络建设速率。数智农业对网络传播和宽带速度要求较高，而 5G 网络的高速率、低时延、大连接的特点能更好地满足数智农业对网络的要求。河北省加快 5G 网络的建设，使得 5G 网络在农业生产、加工、销售等环节也能够得到应用，为农业生产、经营、管理和服务提供高效、稳定的信息传输保障。二是网络架构需要进一步优化，优化网络架构，提高网络传输效率，降低网络传输成本，满足数智农业对网络传输速度和带宽的需求。三是发展边缘计算。边缘计算能够将计算任务从云端转移到网络边缘，这样的模式对数据传输的距离要求较低，还能降低网络传输的延迟，让数智化在农业上的应用更有实时性和可靠性。

第三，发展农业物联网。农业物联网是实现农业生产智能化、精准化管理的重要手段。河北省需要做好三方面的工作。一是建设农业物联网平台，整合各类农业物联网设备数据，实现数据共享和协同管理，为农业生产、经营、管理和服务提供智能化支撑。二是推广应用农业物联网设备，这些设备通常有传感器、控制器、执行器等，该技术能够对农业生态环境进行连续的监测、自动化的调控及精细化管理，显著提高农业生产效率及资源利用效率。三是推进农业大数据技术的应用发展。分析从农业物联网平台收集来的数据可以获得农业大数据的应用情况，进而为农业生产、经营、管理和销售服务等方面提供更加科学的决策。

（2）完善农业信息化基础设施

首先，建设农业大数据平台。农业大数据平台是整合农业数据资源、开展农业大数据分析应用的重要平台，它能够为农业生产、经营、管理和服务提供数据支撑，对于农业生产决策科学化、经营服务的精准化和企业管理的高效化都有很大的推动作用。河北省还需要建设农业农村的大数据平台，以整合农村的资源、农村的环境、农产品的生产和销售等相关信息，建立农业大数据平台可以开发数据采集、数据存储、数据分析与管理等工作，实现农业数据的有效管理、共享，提高农业高效发展。结合河北省的农业现状，可以进行农业生产监测预警、农产品市场分析预测、农业政策效果评估等，为农业生产、经营、管理和服务提供数据支撑。

其次，发展农业云计算平台。农业云计算平台是提供云服务的平台，它能够为农业生产、经营、管理和服务提供云服务，降低信息化建设成本，提升信息化应用水平。河北省需要建设农业云计算平台，提供云存储、云计算、云应用等服务，为农业生产、经营、管理和服务提供信息化支撑。具体来说，建议从农业信息服务平台、农业电商平台以及农业物联网平台等相关平台入手，先推动农业线上云服务平台的应用，在农业生产管理、农业高效运输、农业金融服务等方面，提升农业生产、经营、管理和服务的水平。

最后，构建农业信息化服务架构。该服务平台旨在向农户提供综合性的信息服务，涵盖农业科技、市场动态、政策法规等关键信息以增强农户的信息技术应用能力。河北省亟须打造这样一个农业信息化的服务平台，通过整合相关农业信息资源向农户提供包括农业科技、市场动态、政策法规等在内的全方位信息服务。同时，推进农业科技咨询、农产品市场信息发布、农业政策法规解读等服务的开展，促进农业信息技术的广泛应用，从而提高农户的信息技术应用水平。

（3）推广农业信息化应用

要想提升农业生产、经营、管理和服务水平，农业信息化应用不仅是关键环节也是数智化农业发展的最终体现。河北省需要积极推广农业信息化应用，将先进的信息技术融入农业生产各个环节，促进农业生产经营模式的转型，逐步提升农业生产效率、精确度和智能化水平，以达成农业高质量的发展目标。

首先，推广精准农业技术。精准农业技术是利用地理信息系统（GIS）、全球定位系统（GPS）、遥感技术（RS）等数智技术来管理农业生产过程，让农业生产过程达到精准管理的水平。河北省当前在精准农业技术方面有一定的欠缺，需要推广精准农业技术的应用，让农业生产效率和资源利用率更好。具体来说，可以推广精准施肥技术，通过土壤养分检测、作物生长监测等手段，精准确定作物养分需求，精准施肥这一技术的成功应用可以达到减少化肥使用量，提高肥料利用率，减少环境污染这一系列要求。此外，还可以推广精准灌溉技术，通过土壤墒情监测、作物需水规律等数据，精准确定作物需水量，精准灌溉可以节省大量水资源，提高水资源利用率从而减少水资源的浪费。而采用精准定位、精准播种机械等手段可以实现精准播种，增强播种的精确性与效能，降低种子消耗，提升种子利用效率。在作物收获环节，采取精确定位技术与智能化收获设备等策略，达成精确收获的目标，降低农作物损失，并提升收获作业的效率。

其次，发展智慧农业。所谓智慧农业是利用大数据、人工智能、区块链等数智化新技术，让农业生产过程达到智能化管理的过程。河北省在智慧农业上有了明确的指导方向，但仍需继续努力。需要加强智慧农业的发展，让农业生产效率和产品质量更高效。智慧农业可以将三个方面作为抓手，即智慧种植、智慧畜牧和智慧水产。发展智慧种植需通过物联网技术，实现对农田环境、作物生长状况等数据的实时监测；通过人工智能技术，实现对作物生长模型的建立和预测；通过区块链技术，实现农产品溯源，提升种植效率和农产品质量。发展智慧畜牧同样通过物联网技术，实现对畜禽健康状况、生长状况等数据的实时监测；通过人工智能技术，实现对畜禽疫病预警和诊断；通过区块链技术，实现畜禽产品溯源，提升养殖效率和畜禽产品质量。为了实现智慧水产发展这一要求，要做到对水产养殖环境、水产生长状况等数据的实时监测；通过人工智能技术，实现对水产疫病预警和诊断，而区块链技术的应用则可以实现水产品溯源，提升水产养殖效率和产品质量。

最后，推进农业电子商务的进程。农业电子商贸依托互联网技术，实现农产品的在线交易。河北省需通过发展此类电子商贸活动，拓展农产品的销售路径，增强农产品在市场上的竞争力。例如，搭建一个农产品的电子商贸平台，这样能够为农产品的线上交易提供平台，促进农产品流通，从而提升农产品市场竞争力。同时，配套设施发展建设也要跟上，发展农产品物流平台，为农产品运输提供高效、便捷的物流服务，以提升农产品流通效率。应当致力于农产品的品牌塑造，利用电子商贸平台强化农产品的品牌构建，以提高农产品的品牌知名度与良好口碑，增强其市场竞争力。

（4）强化网络安全保障

数据安全和隐私保护问题随着农业大数据的广泛应用日益突出。农业生产涉及大量的个人信息、企业商业机密和国家重要农产品数据等敏感信息，一旦泄露，将对农民、企业和国家利益造成损害。目前，在数据安全管理、加密技术应用、访问控制等方面还存在薄弱环节，需要进一步加强安全防护措施。

首先，建立健全农业网络安全管理制度。河北省需要明确网络安全责任并加强网络安全意识教育，以提升农业网络安全防护能力。通过明确网络安全管理职责、管理流程、技术标准等内容，来为农业网络安全管理提供制度保障。明确网络安全责任且明确各级政府、农业部门、农业企业等单位的网络安全责任，通过建立健全网络安全责任追究制度，以确保网络安全责任落实到位。同时加强对农业部门、农业企业、农民等群体进行网络安全教育，推广网络安全相关知识，以提升公众对网络安全威胁的防范意识，预防网络安全事故的发生。同时，构建一套网络安全的教育培训体系，并定期对农业部门、农业企业、农民等人员进行网络安全培训，最终提升网络安全防护能力。

其次，加强农业网络安全技术防护，如入侵检测、完善防火墙、数据加密、安全漏洞管理等，以保障农业信息安全。强化入户检测力度，可以通过建立入侵检测系统对农业信息系统的网络流量进行实时监测，以便及时发现并阻止网络攻击行为；建立完善的防火墙系统，可以阻止未经授权的访问，起到防止网络攻击者入侵农业信息系统的作用；在数据加密这一方面，要做到对农业信息系统中存储和传输的数据进行加密，要防止数据被泄露和篡改，保障数据安全；定期对农业信息系统进行安全漏洞扫描和修复，做到及时消除安全隐患，以降低网络攻击者利用漏洞入侵系统的风险。

最后，建立农业网络安全应急机制，及时应对网络安全事件，确保农业信息系统安全稳定运行。网络安全事件应急预案是必须建立的，只有建立了网络安全事件应急预案，明确网络安全事件应急响应流程，才能确保网络安全事件发生后，有关团队能够及时有效地应对。网络安全应急响应团队负责网络安全事件的应急响应和处理，做到及时处置网络安全事件。定期开展网络安全应急演练有利于检验网络安全应急响应机制的有效性，提升民众对网络安全应急响应能力。建立网络安全事件通报机制，及时通报网络安全事件信息，以提高农业部门、农业企业、农民等的网络安全意识。

7.2.2 搭建农业产业链协同平台，优化资源整合

（1）建设农产品全产业链大数据平台

河北省需要建设一个集农业生产、分配、流通、消费等全环节于一体的农产品全产业链大数据平台。产业链大数据平台需要具备数据采集、数据存储、数据管理和分析等一些功能，能保证农产品全产业链数据的集中管理、共享和应用。平台利用物联网、遥感、区块链等数智技术手段搜集农业产业链，包括生产、加工、流通、营销等环节的数据，涉及数量、产量、品质、价值等关键数据，构建一个安全稳定的数据存储设施，能确保数据的安全性和可信度。通过完善数据管理体系，实现数据的标准化与规范化管理。运用大数据分析手段，对农产品全产业链的数据进行深入分析，包括市场需求调研、价格趋势预测、产品质量安全评估等。在数据应用方面，将分析成果应用于农业生产的指导、企业经营、管理优化以及服务提升，如为农场主提供精准农业服务、为加工厂商提供生产流程优化建议、为物流公司提供智能配送策略、为消费者提供产品追溯信息等。

（2）开发农业产业链协同应用

基于农产品全产业链大数据平台，构建农业产业链的协同应用系统，旨在促进信息互通、业务协作，从而提升资源利用效率，降低交易成本，并增加农产品的附加价值。该平台致力于推动农产品全产业链的升级改造并设立农产品的追溯体系，构建一个覆盖生产、分配、流通、消费等各环节的全面追溯机制，确保农产品质量上乘，同时增强消费者对农产品的信任度。成立农产品质量安全的监管平台，其功能包括对农产品质量安全的监测、预警和管控，以保障农产品的质量安全。而农业金融服务平台旨在为农业生产者和加工企业提供金融支持，如农业保险、农业信贷等服务。这个平台还可以解决农业融资难题并且实现全产业链的一条龙服务。

（3）推动农业产业链数字化转型

鼓励农业生产者、加工企业、物流企业等企业，积极应用数字技术，实现数字化转型，提升农业生产效率和资源利用效率。农业生产数字化使得精准农业技术得到了大力的推广和应用，如精准施肥、精准灌溉、精准播种、精准收获等一系列农业活动，使得农业生产效率和资源利用效率得到了大幅度的提升。同样，加工企业的数字化应用，推广采用自动化及智能化生产装备，构筑自动化生产线与智能控制系统，旨在提升生产加工效率及产品品质。推进物流企业的数字化转型，广泛运用智能物流技术，包括智能物流配送系统与无人驾驶运输工具，可以提升物流运作效率并降低物流成本。

（4）构建农业产业链利益联结机制

借助平台构建，建立农业产业链的利益联结体系，推动订单式农业的发展。激励农业生产者与加工企业、物流服务提供商等各方签订合作协议，建立稳定的合作关系，才能保障农业生产者收入稳定。在农产品期货交易这一方面，河北省政府应该设置一些保障措施，或政府主导一些期货，大力鼓励农业生产者参与农产品期货交易，利用期货来规避农产品价格风险带来的不稳定性，从而保证农产品价格的风险不会对农产品生产者造成较大的影响，使得农业生产者的利益得到保障，有效促进农业产业链的健康发展。

7.2.3 创新金融服务模式，支持产业链智能化发展

（1）发展普惠金融，解决融资难题

要想推动河北省农业高质量发展，数智化转型是一条重要途径。但农业的数智化转型需要大量的资金投入，资金问题亟待解决，普惠金融的出现为农业经营主体提供必要的资金支持。普惠金融解决了传统金融服务门槛较高的问题，让更多农业经营主体有机会获得金融服务。

普惠金融的核心要义在于向社会的各个阶层，尤其是经济条件相对薄弱的群体及小型企业提供金融服务。推进普惠金融的发展，能够为农业经营实体带来更为便捷、成本更低的融资解决方案，进而缓解当下所面临的资金压力。解决资金压力问题对促进农业高质量发展有非常重要的作用，所以河北省需要发展普惠金融来推进河北省农业实现高质量发展。其一，健全农村金融服务网络体系，鼓励金融机构在农村地区多设置服务网点，通过服务下沉，让金融服务覆盖广泛的农村领域，以便农村经营实体获取可靠的金融服务。其二，创立农村金融合作社、小额信贷机构等新型金融服务机构，以填补农村金融服务的缺失。其三，创新适合农业经营实体的金融产品与服务，如小额信贷、信用贷款、农业保险等，以降低融资门槛，满足其多元化的资金需求。例如，推出针对农业的"惠农贷""富农贷"等定制化信贷产品，提供灵活的贷款期限和优惠利率。同时利用数智技术区提升金融服务效率，借助人工智能、大数据等数智技术，对农业经营实体的信用状况进行评估。可适当简化贷款程序，从而提高贷款审批的效率，减少融资的成本。凭借大数据分析其经营状况、还款能力等信息构建农业经营主体信用评价体系，这样就能为其提供更加精准的融资服务。

（2）探索供应链金融，提升融资效率

供应链金融模式旨在为核心企业的上下游合作伙伴提供资金融通服务。深入研究供应链金融，有助于缓解农业经营实体面临的融资难、成本高的问题，进而提高资金融通效率，促进农业产业链的协同进步。具体实施策略包

括三方面。一是建立以核心企业为中心的农业产业链金融平台，该平台旨在整合上下游企业，提供便捷的融资途径，并实现信息共享。该平台可提供线上贷款、票据贴现、保理等金融服务，以简化融资程序，减少融资成本。二是推广基于应收账款的融资方式，利用核心企业的应收账款作为基础，为上下游企业解决资金流转问题。核心企业可将应收账款转让给金融机构，由金融机构向相关企业提供资金融通，有效缓解其资金压力。三是订单融资模式，它以核心企业的订单为依据，为上下游企业提供融资，以满足其生产资金需求。核心企业可将订单权利转交给金融机构，由其向相关企业提供必要的融资支持，以解决生产资金短缺的问题。

（3）发展农村电商金融，促进农产品上行

农村电商金融是指为农村电商提供金融服务的金融模式。农村电商金融的发展可以有效解决农产品上行难题，促进农产品销售，增加农民收入，是推动农业产业融合发展的重要途径。对此可合理借鉴并发展两项举措。一是发展农产品电商贷款，以农产品电商交易为基础，为农村电商提供融资服务，解决其资金周转难题。金融机构可以根据农产品电商的交易数据，为其提供期限灵活、利率优惠的融资服务。二是发展农产品电商保险能够为农产品电商提供保险服务，降低其经营风险并促进农产品上行。例如，"农产品运输保险""农产品质量保险"等特色保险产品能够为农产品电商提供风险保障。

（4）加强金融科技应用，满足多元化需求

金融科技是通过采用科学技术手段提升金融效率和服务水平的金融模式。加强金融科技应用，可以有效满足农业经营主体多元化的金融需求，是推动农业金融服务创新发展的重要方向。

数字普惠金融是利用数字技术，为农业经营主体提供更加便捷、低成本的融资服务。数字普惠金融对于解决农村地区金融服务不足，提升金融服务效率起着很大的作用。区块链金融发展也就是利用区块链技术来构建农业产业链金融平台，提升金融服务的透明度和安全性。区块链技术可以有效解决信息不对称问题,还能够提升金融服务的可信度。此外,还可以发展人工智能金融,这项技术就是利用人工智能技术,对农业经营主体进行信用评估,简化贷款流程,提高贷款审批效率,降低融资成本,大幅度提升金融服务的精准度和效率。

7.3 实施数智农业人才策略,优化河北数智人力资本机制

7.3.1 完善教育培训体系,提升农业人才技能水平

(1)建立健全数智农业教育培训体系

根据前面所做的基准回归的结果,可以看出教育投入对农业高质量发展的作用显著,说明人才对推动农业高质量发展有重要作用。因此,建立健全数智农业教育培训体系,政府、企业、高校和科研机构等多方须协同合作,形成合力,共同推动人才培养工作。

其一,政府应发挥引导作用,出台相关政策,鼓励和支持数智农业教育培训体系建设,如提供财政补贴、税收优惠等,吸引社会各界力量积极参与到数智农业教育培训中去,共同营造良好的发展环境。其二,完善教育培训机构,并建立专门化、系统化的数智农业教育培训机构,如数智农业学院、数智农业培训中心等,以此为人才培养提供平台和资源。其三,建立多元化培训模式,积极探索线上线下相结合的培训模式,如利用网络平台开展线上培训并组织专家进行线下授课,以满足不同人群的学习需求,并提高培训的覆盖面和效率。其四,建立科学合理的数智农业人才评价体系,对数智农业人才进行能力评估,以此为人才选拔、晋升和薪酬待遇提供依据,这是确保教育培训体系有效运行的关键,也是激发人才积极性的重要手段。

(2)加强农业职业教育

作为培养数智农业人才的重要途径,农业职业教育的发展水平与数智化

农业的推进速度和质量有着密不可分的联系。农业职业教育为适应现代农业发展需求，需要进行转型升级，可以考虑做好三个方面的工作。其一，优化专业设置，紧跟时代步伐。农业职业教育院校应根据现代农业发展需求，及时优化专业设置，例如，增设数智农业技术、农业物联网技术、农业大数据分析等专业，以培养掌握数智农业技术的高素质人才。其二，实操能力的提升可以依赖实践教学的加强。农业职业教育院校应加强实践教学环节，例如，构建智能化农业实训基地，为学生创造一个贴近实际生产的学习场景。在此环境中，学生通过实践活动学习知识并将所学理论应用于实际操作，以提高实际操作技能并培育实践能力。其三，加强校企合作，推动产学研一体化。农业职业教育机构应当深入推进与农业企业合作，实施定制化人才培养计划为学生提供实习及就业机会。使学生能够在学习阶段即接触企业前沿的实际问题，通过增强其就业竞争力，实现人才培养与产业需求的有效对接。

（3）开展农业从业者技能培训

数智农业技能培训是提升农业从业者技能水平、推动数智化农业应用的关键环节，它对于助力河北省现代农业实现高质量发展有着重大的意义。

河北省作为农业大省，拥有庞大的农业从业者群体，但其整体技能水平相对较低，对数智化农业技术的接受和应用能力有限。因此，河北省需要根据农业从业者的不同特点和需求开展分层分类培训。如针对种植户可以开展农业物联网技术、智能灌溉系统、精准施肥技术等方面的培训；针对养殖户可以开展畜禽疫病监测预警系统、智能饲喂系统、环境控制系统等方面的培训。同时，河北省应充分利用现有的教育资源和技术优势来开展线上线下培训，如依托河北省农业广播电视学校、农业职业院校等机构来开发线上培训课程，方便农业从业者随时随地学习数智农业技术。此外，还可以组织专家到田间地头开展现场教学，帮助农业从业者解决实际问题并将理论知识与实践操作相结合，提高培训的针对性和实效性。通过实施以上措施，河北省农业从业者的数智农业技能水平能够得到有效提升，为农业高质量发展提供重要的人才支撑。

（4）加强高校和科研机构数智农业相关学科建设

高校和科研机构作为数智农业科技创新的重要力量，在推动河北省农业高质量发展中扮演着至关重要的角色。众多高校和科研机构都坐落在河北省，例如河北农业大学、河北省农科院等，它们在数智农业领域拥有稳固可靠的研究基础和一定的技术优势。为了充分发挥这些优势，推动河北省农业高质量发展，可以从两个方面入手。一是加强学科建设，筑牢人才基础。河北省高校和科研机构应加强数智农业相关学科建设，例如，设立数智农业科学与工程、农业信息技术、农业大数据等学科，培养掌握数智农业核心技术的科研人才和技术人才为河北省现代农业发展提供人才支撑。二是加强科研创新，突破技术瓶颈。积极鼓励高等院校和科研院所合作开展数智农业科技创新研究，如研发农业物联网设备、农业大数据分析平台、智能农业装备等。这些研究可以使数智农业发展突破技术瓶颈，并且为河北省现代农业高质量发展提供有效的科技支撑。农业智能技术成果的转化能促动农业产业升级，可以将农业数智化科研成果应用到河北省的农业生产实践中，提升农业生产效率和效益，推动河北省农业产业的转型升级和农业现代化的高质量发展。

7.3.2 实施人才引进计划，促进数智农业智力交流

高素质的农业人才是促进河北省农业高质量发展的重要影响因素，河北省从事传统农业生产技术的人才相对较多，而掌握农业相关的前沿专业知识的人才较少，难以满足现代农业多元化发展的需求。而年轻一代从事农业的意愿较低，导致农业高素质干部队伍中年轻力量不足，为此，河北省要做好人才引进工作，同时减少高素质人才流失。

（1）制订数智农业人才引进计划

为促进数智农业的可持续发展，河北省可以招揽国内外杰出的专业人才投身于数智农业的创新发展。其中四类专业人才应当优先考虑。一是数智农业技术研发人才，他们具备计算机科学、信息技术、农业科学等领域的深厚

理论知识，并能开展技术研发、产品设计及推广应用活动。二是农业信息化管理人才，他们在农业信息化领域的规划、建设、运营及维护等方面有一定的优势。三是农业物联网技术人才，他们掌握物联网相关技术，能够从事农业物联网设备的研发、系统集成及应用推广。四是农业人工智能技术人才，他们具备人工智能领域的专业知识和技能，可以专注于农业人工智能算法的研究、模型开发及应用推广。

此外，河北省应出台一系列优惠政策，包括提供高额的安家补贴、科研启动经费等经济激励。同时为引进人才提供住房保障，如人才公寓、购房补贴等，以确保其居住条件。在教育方面，确保引进人才子女享有高品质的教育资源。在医疗保健方面，为人才及其家人提供高质量的医疗服务。不仅如此，河北省还应致力于打造一个优越的工作环境包括提供现代化的办公设施、先进的实验设备以及高效的科研平台，从而为人才提供有利于其专业成长和科技创新的环境，以推动河北省数智农业的高质量发展。

（2）建立人才交流平台

为促进数智农业领域的智慧交融与资源互惠，河北省亟须构建一个系统化的人才交流平台，为专业人才构筑一个交流与合作的网络，以加深学术互动并协同推进数智农业的持续进步。具体实施策略包括四个方面。其一，创设一个专门的数智农业人才交流网站，该网站将承担发布人才招聘信息、学术交流活动信息等职能，成为人才互动的纽带。其二，创办数智农业学术期刊，为人才提供发表研究成果、促进学术交流的园地。其三，成立数智农业产业联盟，凝聚领域内的优秀企业与人才，并加强产业链上下游企业间的协同与合作。其四，定期举办数智农业论坛，邀请国内外专家学者与企业界人士，就数智农业的最新成果与经验进行交流分享。通过这一系列平台的建立与完善，河北省将为数智农业的发展提供坚实的智力支撑，助力现代农业迈向高质量发展的新阶段。

（3）营造良好的人才发展环境

河北省需要营造良好的人才发展环境，通过为人才提供良好的工作和生活条件吸纳和留住人才。例如，优化创新创业环境，为人才提供创业平台、创业资金、创业导师等支持，从而激发人才的创新创业活力；通过加强知识产权保护，为人才提供知识产权申请、保护、维权等方面的帮助，这样人才的创新成果才能得以保护；完善社会保障体系，为人才提供养老、医疗、失业等方面的保障，解除人才的后顾之忧；加强文化建设，丰富文化生活，提升人才的幸福感和归属感；为人才提供优质的生活服务，如便利的交通、购物、娱乐等生活服务，提升人才的生活品质。

（4）加强人才引进后的管理和服务

其一，要建立健全人才激励机制，通过绩效考核、股权激励、科研项目支持等方式，激发人才的积极性和创造性。其二，提供人才发展通道为人才制订个性化的职业发展规划，提供培训学习机会和学术交流平台，帮助人才提升专业技能和知识水平，并实现个人价值。其三，要加强人才培训，通过岗前培训、专业技能培训和管理能力培训，帮助人才适应新的工作要求，提升其综合素质。其四，鼓励人才的内部交流，同时支持人才参加外部学术交流活动，进而推动产学研合作达成，促进人才与企业、高校、科研院所之间交流合作的目标。

7.3.3 设计绩效激励机制，激发人才创新活力

人才是推动河北省农业高质量发展的关键因素，而绩效激励机制则是激发人才创新活力的有效手段。通过设计科学合理的绩效激励机制可以有效地调动人才的积极性和创造性，吸引和留住优秀人才，从而为河北省现代农业发展提供源源不断的智力支持。

（1）设计科学合理的绩效激励机制

为激发人才在河北省数字农业发展中的创新活力，需建立一套科学合理的绩效激励机制，并通过多层次的绩效考核体系和差异化的薪酬激励机制，来充分表现出人才的潜在价值和重要贡献，引导人才不断提升自身能力水平，使其做出更优秀的成绩。

首先，应针对不同类型的人才，如科研人员、技术人员、管理人员等，要制定差异化的绩效考核指标和标准，来确保考核的公平性和合理性。例如，对科研人员的主要考核点应该在科研成果的质量、数量和影响力上以及科研成果的转化应用情况；而技术人员可以就其技术能独立解决问题的能力进行重点考核，以及技术成果的应用效果；对于管理人员可以重点考核其管理能力和团队建设成效。

其次，根据绩效考核结果实施差异化的薪酬激励机制，拉开薪酬差距体现人才的价值和贡献。可以采取"基本工资＋绩效工资＋项目奖金＋股权激励"等多种方式来构建多元化的薪酬激励机制，并根据人才所处的不同发展阶段进行调整。对于处于成长期的年轻人才，可以给予较高的绩效工资和项目奖金，来激励其积极学习和成长；对于处于成熟期的骨干人才，可以给予较高的股权激励，来增强其主人翁意识和责任感。

最后，还应建立科研成果奖励制度，对在数字农业领域取得重大科研成果的人才给予重奖，并鼓励人才进行技术创新和产品研发，应及时提供现金奖励、荣誉奖励、晋升机会等各种奖励，以充分激发人才的创造热情。还应建立健全人才晋升通道，为人才提供清晰的发展路径和晋升机会，让人才看到自己的职业发展前景，增强人才的归属感和成就感。建立管理职务晋升通道和技术职务晋升通道，制定明确的晋升条件和晋升程序，让人才看到自己的职业发展路径并为之努力奋斗。

（2）建立健全人才评价体系

为全面评估人才在河北省数字农业发展中的综合能力和发展潜力，需要建立健全人才评价体系，多元化的评价指标、科学的评价方法和定期的评价机制能够确保评价结果的客观性和公正性，充分发挥评价的激励和约束作用。

首先，建立多元化评价指标，包含人才的专业技能、创新能力、团队合作能力、学习能力等多个方面的内容。例如，专业技能评价可以考察人才的专业知识掌握程度、技术操作能力、问题解决能力等；人才的创新意识、创新思维、创新能力等多个方面可以评估人才的创新能力的评价指标；团队合作能力评价主要体现在人才的沟通能力、协作能力、团队精神等能力上；学习能力评价可以将重心放在评估人才的自主学习能力、知识更新能力、终身学习能力等各个能力。

其次，完善评价方法，专家评审、同行评议、绩效考核相结合，确保评价结果的客观性和公正性。专家评审可以邀请相关领域的专家对人才进行评价，同行评议可以邀请同行专家对人才进行评价，绩效考核可以根据人才的工作绩效进行评价。此外，建立定期评价机制也是必不可少的，定期对人才进行评价，对人才的发展情况做到及时掌握，并且根据评价结果进行绩效调整和人才培养方案。例如，可以每年进行一次人才评价，并根据评价结果对人才进行绩效考核、薪酬调整、晋升等。

最后，注重评价结果的应用，将评价结果与绩效考核、薪酬激励、晋升等各种奖惩制度挂钩，充分发挥评价的激励和约束作用。例如，根据人才评价结果对人才进行绩效考核，并根据绩效考核结果给予人才相应的薪酬激励和晋升机会。

（3）完善科技成果转化机制

科技成果转化是推动数字农业发展必不可少的环节，只有将科研成果转化为实际生产力，才能真正实现科技对农业的赋能。为了促进科技成果的快速转化和应用，河北省需要完善科技成果转化机制，从平台搭建、收益分配、知识产权保护等方面入手，营造良好的创新环境。

首先，为了在科研成果与企业需求之间搭建沟通的桥梁，需要创建线上与线下相结合的科技成果转化平台。线上平台包含科技成果展示、技术需求发布、产学研合作对接等功能，以便科研成果的推广和应用。线下平台可以提供科技成果路演、技术交流、项目洽谈等服务促进科研成果与企业需求的对接。

其次，建立健全科技成果转化收益分配的有效机制，这项措施可以保障科研人员的合法权益，使得科研人员对成果转化的积极性可以被充分调动起来。探索多种收益分配模式如科技成果作价入股、收益分成等新模式,为保障科研工作者能分享技术成果转化所带来的利益,需采取相应措施。同时,强化知识产权的法律保护,为科技成果商业化提供坚实的法律支持,并营造有利于创新的环境。持续增强对侵犯知识产权行为的打击力度,并且完善知识产权保护体系,对科研人员提供知识产权保护和维护服务也是一项有力措施。

7.4 借鉴省际经验与本土化应用,加速河北省农业数智化转型

7.4.1 分析省际成功案例,提炼可借鉴发展模式

(1) 科学筛选借鉴对象

河北省在选择借鉴对象时,应重点关注江苏省、山东省、吉林省和山西省等在数字农业发展方面取得显著成效的省份,并结合本省自身实际发展情况,进行深入全面的对照分析,选择最契合自身的经验来进行借鉴。

在农业物联网、大数据平台、农业信息化服务等方面,江苏省取得了不小的成就,其中农业科技园区和农业产业园区的发展模式值得河北省进行学习借鉴。例如,江苏省建立了农业科技创新体系和科技成果转化机制,河北省可以结合自身的实际情况,创建一套与河北省相适应的农业科技创新体系。江苏省还建立了科技成果转化平台,推行了科技成果转化项目,河北省可以吸收其科技成果转化机制的长处,打造一个适合河北省的科技成果转化机制。此外,江苏省积极推动农业产业发展,建立了农业科技园区和农业产业园区并开展了农业产业化项目,河北省可以学习并吸收其农业产业发展模式,推动农业产业快速发展。

山东省在农业机械化、智能化方面发展迅速,其农业装备智能化改造和智慧农业应用推广的经验值得河北省学习借鉴。山东省在农业机械装备研发

方面，开发了智能农业机械这一系列装备，还开展了智能农业机械装备推广应用这一项措施，河北省可以学习借鉴其农业机械装备研发模式，并结合河北省的实际情况，加强农业机械装备研发力度，并且提升农业机械化水平。在农业智能化技术应用方面，山东省积极推动农业智能化技术的广泛应用，例如，在农业生产中将物联网、大数据、人工智能等技术进行深度运用。河北省可以学习借鉴其农业智能化技术应用模式，并结合河北省的实际情况，推动农业智能化技术应用。在农业标准化生产方面，山东省积极推动农业标准化生产新模式，建立了农业标准化生产体系，开展了农业标准化生产示范。河北省可以学习借鉴其农业标准化生产模式，并结合河北省的实际情况，推动农业标准化生产。

吉林省作为粮食主产区，在盐碱地治理与智慧农业结合方面积极探索。吉林省积极推进机械强农行动，其主要农作物耕、种、收全程机械化率达到了86%，并依托数字技术打造智慧农业，实现了农业的智能化、精准化生产方式。

山西省在农业大数据平台建设、农产品质量安全追溯体系构建等方面积累了一定经验。山西省大力推进农村地区网络基础设施建设，并积极推动农业生产设施的数字化和智能化升级，打造了"滴滴农机"等数字化服务平台，提高了农业生产效率，确保了农产品的优秀品质。

河北省可以通过深入学习江苏省、山东省、吉林省和山西省等省份的成功经验，并结合河北省的实际情况进行全面细致的对比分析，进而制定切实可行的数字农业发展方案，加速农业数智化转型，推动河北省农业高质量发展。

（2）全面深入分析成功经验

在确定借鉴对象后，河北省需要对借鉴对象的成功经验进行全面深入的分析，以便更好地吸收和借鉴其成功经验，并结合河北省的实际情况进行适应性改造，形成适合河北省的数字农业发展路径。在分析这些省份的成功经验时，有六个方面值得重点关注。

①政策引领与规划布局：多省制定了数智化农业发展规划，确立了发展目标与关键任务，并颁布了一系列政策与措施，从而为智能化农业的发展提供了坚实的支撑。2022年，江苏省通过《关于"十四五"深入推进农业数字化建设的行动方案》详尽阐述了智能化农业的发展路径，山东省通过建设全省数智农业综合服务平台来为数智化农业发展提供了新前景。

②基础设施建设：多省都重视农村地区网络通信基础设施建设和农业生产设施的智能化改造，为农业数智化应用提供硬件支撑。如山西省大力推进农村地区网络基础设施建设积极推动农业生产设施的数字化和智能化升级。

③技术革新与实践推广：众多省份积极推动物联网、大数据、云计算、人工智能等当代信息技术在农业部门的应用。如山东省依托物联网技术，做到对养殖场的畜禽生长状况、疫病防控、饲料投喂等进行实时监测和自动化管理的应用，显著增强了农业生产的效率及农产品的质量。

④模式创新：各省积极探索数智化农业发展新模式，农业产业化联合体、农业生产性服务共享平台、订单农业等，促进农业转型升级。如吉林省打造了"吉农云"农业综合服务平台，为新型农业经营主体提供全方位的数字化服务。

⑤产业融合：多省积极推动农业与文化、旅游、电商等产业的融合发展，并拓展了农业功能为农业产业注入了更大的潜力。如山东省注重农产品品牌建设和数智化营销，并通过建立农产品电商平台、直播带货等新兴营销渠道，将山东的优质农产品推向全国乃至全球市场。

⑥人才培养与技术支撑：多省重视农业数字化人才培养，并积极开展产学研合作，为农业数智化发展提供了智力支持。例如，山西省建立了多层次、多渠道的人才培训体系来应对农业数字化转型。

（3）结合河北实际进行适应性分析

在深入分析借鉴对象的成功经验后，河北省需要进行适应性分析以将成功经验与河北省的实际情况相结合来制定切实可行的数字农业发展方案。

首先，在资源禀赋方面，河北省拥有丰富的农业资源如耕地资源、水资源、气候条件等，为数字农业发展提供了良好的基础。由于河北省内水资源短缺、土地盐碱化等问题制约着农业发展。因此，河北省应结合自身资源禀赋，选择与自身相适宜的数字农业发展模式，如河北省可以发展节水灌溉、盐碱地改良等技术以提高水资源利用效率和土地产出效率。

其次，在数字农业发展现状方面，河北省在数字农业发展方面获得了斐然的成绩，例如，建立了一批数字农业示范区，推广了一批数字农业应用，培养了一批数字农业人才等。但与其他农业先进省份相比仍存在一定的差距，如在数字农业领域，存在基础设施建设迟缓，科技创新能力薄弱，以及人才培养体系存在缺陷等问题。河北省需依据自身的经济社会发展状况，拟定一套切合实际的发展目标与持续有效的战略路径。举例来说，河北省可出台一项数字农业发展计划，确立具体的发展目标与关键发展领域，并制定相应的政策与措施。加快数字农业发展步伐。

最后，在发展方向方面，推进河北省数字农业应聚焦智慧农业、农村数字化，以及农业电子商务等关键领域，并结合河北省的具体情况，选定匹配的数字农业发展路径。如河北省可通过发展智慧农业，运用物联网、大数据、人工智能等技术手段，推进农业生产的自动化、精准化和智能化。同时，河北省可实施数字乡村计划，将数字技术应用于农村基础设施的优化和公共服务水平的提升。此外农业电子商务作为一种创新模式，可通过在线平台拓展农产品的销售渠道，从而促进农产品的市场流通。

7.4.2 制定本土化实施策略，适应河北农业特色

（1）明确数智化农业发展目标

在河北省推进数智化农业的进程中，首要之务是确立清晰的发展目标，以指导未来的发展方向。其一，为达成农业生产的自动化、精准化与智能化，河北省可借助物联网、大数据、人工智能等技术手段，提升土地、水资源利用效率及劳动生产率，降低生产成本，并提升农业产值。其二，河北省可以利用区块链、溯源等数智技术手段，构建了农产品质量的安全追溯体系，能够保证农产品在生产、加工、流通等各个环节中的可追溯性，进而保

证农产品质量安全，让消费者对农产品更有信心。其三，在促进数字农业和休闲农业、乡村旅游、电商平台等新业态的融合方面，河北省可以进一步推出多元融合的渠道，不仅仅把河北省农产品的产业链扩展了，更是让农民的收入增加了，带动了农村经济的发展。其四，河北省可以利用数字技术改变农村的基础设施，提升农村的公共服务水平，让城乡差距更小，为乡村振兴添一把力。

（2）确定数智化农业发展重点任务

围绕发展目标，河北省需要确定数智化农业发展的重点任务，并集中力量攻坚克难。建议河北省重点关注以下五项重点任务。

①加强农业基础设施建设：提高农村地区5G网络建设速度并完善农村地区光纤网络覆盖率不足的问题，提升宽带接入能力，进而推进农业生产设施智能化改造。河北省可借鉴山西省的经验，将推进农村地区网络基础设施建设作为重点，布局5G网络基站，同时，河北省还可以将5G技术应用于农业无人机、农业机器人等智能农业装备，不断提高农业生产效率和精准度。

②促进现代信息技术的运用：物联网、大数据、云计算、人工智能等技术的运用，能够显著增强农业生产的效率及提升农产品的质量。河北省可以借鉴山东省的经验，利用物联网技术对养殖场的畜禽生长状况、疫病防控、饲料投喂等情况进行实时监测和自动化管理。同时，河北省还可以积极探索人工智能技术在农业领域的应用，例如，利用人工智能技术进行农作物病虫害识别、农业气象预报等工作。

③创新农业生产经营模式：通过培育农业产业化联合体与新型农业经营主体，发展农业生产性服务共享平台与订单农业。例如，可以借鉴山东省的经验，培育壮大农业产业化联合体，并发展农业生产性服务共享平台与订单农业，来达到提高农业生产组织化程度和市场竞争力这样的效果。同时，河北省还可以探索发展"互联网+"农业生产经营模式，例如，利用电商平台进行农产品销售、利用互联网平台进行农业生产经营管理等。

④促进农业产业融合：包括推动农业与文化、旅游、电商等产业的融合

发展，拓展农业功能，提升农业产业附加值。例如，河北省可以借鉴山东省的经验，注重农产品品牌建设和数智化营销，通过建立农产品电商平台、直播带货等新兴营销渠道，助力河北的优质农产品输送至国内市场乃至全球市场。同时，河北省还可以探索发展农业观光旅游、休闲农业等新业态，拓展农业产业链，提高农业综合效益。

⑤加强人才培养与技术支撑：加大农业数字化人才培养力度，积极开展产学研融合，为农业数智化发展提供人才支持。例如，借鉴山西省的经验，针对农业数字化转型需求，建立多层次、多渠道的人才培训体系。同时，河北省还可以鼓励农业企业、科研机构、高校等开展产学研合作，共同探索农业数字化技术，推动农业数字化的技术创新和应用。

（3）选择适合河北的数智化农业发展模式

河北省在推进数智化农业的进程中，应当充分考虑本省的资源特色与产业优势，精心选择与发展相适应的数智化农业模式。

智慧农业模式就是依托物联网、大数据、人工智能等前沿技术促进农业生产的自动化、精准化及智能化转型，将显著增强生产效率，并确保农产品质量安全。而数字乡村建设模式关注的是利用数字技术优化农村基础设施与公共服务，目的在于缩减城乡发展差距，为乡村复兴增添新活力。农业电子商务模式的普及不仅扩展了农产品的销售途径，加快了农产品流通速度，也显著提升了农民的经济收益。而休闲农业模式融合应用数字技术，有助于打造休闲农业品牌，促进农村经济多元化发展。

具体到地域布局，河北省环京津地区应着力发展都市农业和休闲农业的数智化服务模式，借鉴江苏省的成功经验，打造集农业观光、科普教育、农产品体验于一体的智慧农业休闲旅游线路，并探索"互联网+"都市农业的新路径，可借鉴的例子有电商平台销售和互联网平台生产管理。冀中南平原地区则应聚焦粮食、蔬菜、水果等大宗农产品的数智化生产，借鉴山东省的做法，可以通过建设智慧农场、智慧果园、智慧菜园等示范基地来探索"互联网+"大宗农产品生产的新模式。至于冀西北山区，则应重点发展特色农业和生态农业的数智化模式，借鉴吉林省的智慧农业建设经验，打造特色农产品优势区和农业产业强镇，同时利用电商平台和互联网平台推动特色农业与生态农业的生产管理与销售。河北省通过地域差异化发展战略，能够有效地推动数智化农业的全面发展，实现农业现代化的长远目标。

（4）制定数智化农业发展实施方案

为确保数智化农业的有序推进与目标达成，河北省须制定一套详尽的数智化农业发展实施方案。该方案应当明确发展目标、重点任务、适宜的发展模式以及必要的保障措施。借鉴山东省的成功经验，河北省应着手编制发展规划蓝图，界定各区域数智化农业发展的重点方向及差异化路径。此外，河北省需制订具体的行动计划，详列各阶段任务与时间节点，确保数智化农业发展目标的稳步推进。

实施方案的编制应涵盖多个层面。其一，需建立健全数智化农业发展的组织领导机制，明确各部门职责并形成协同高效的工作格局。其二，在政策保障层面，应出台一系列支持数智化农业发展的政策措施，其中包括财政支持、税收优惠、人才引进等，以提供坚实的政策支持。为了实现资金保障需加大对数智化农业的投入，确保发展所需的资金得到充分满足，而强化数字农业人才的培养和引进为数智化农业的发展提供智力支持。其三，休闲农业模式的发展也不容忽视。河北省可以利用数字技术打造休闲农业品牌，促进农村经济的多维度发展。

7.4.3 开展典型案例研究，推广数智农业成熟经验

为加速河北省农业数智化转型，除了借鉴省际经验、优化政策法规环境外，还需要积极开展典型案例研究，推广数智农业成熟经验。精选典型案例、总结成功经验、推广成熟经验和建立示范推广机制，可以充分发挥典型案例的示范引领作用，推动河北省农业高质量发展。

（1）精选数智化农业典型案例

河北省需要从本省或其他省份精选数智化农业典型案例，选择具有代表

性、可复制性和推广价值的案例,为河北省农业数智化转型提供可利用的参考范本,包括在数字农业基础设施建设、数字农业技术应用、数字农业模式创新、数字农业人才培养等方面取得显著成效的案例。例如,河北省滦州市百信花生种植专业合作社的智慧农场案例,以及沧州印象大运河农业生态文化产业园的智能温室大棚案例等。

(2)总结案例成功经验

河北省需要对精选的数智化农业典型案例进行全方位的分析,汇总案例中的成功做法,提取可复制与广泛应用的策略,为河北省农业数字化转型提供借鉴与指导。例如,可归纳案例在数字农业基础设施构建方面的有效做法,包括"农业与农村云"基础设施、数据搜集通道和数据资源库的构建;梳理案例在数字农业技术运用方面的经验,探讨如何利用物联网、大数据、人工智能等技术提升农业生产效率和管理水平;归纳案例在数字农业模式创新上的经验,如推动数字农业与休闲农业、乡村旅游业、农村电子商务等产业的融合发展;总结案例在数字农业人才培养方面的有效措施,探讨如何培育专业人才以保障数字农业的持续发展。

(3)推广数智农业成熟经验

河北省需要积极推广数智农业成熟经验,将典型案例的成功经验推广到其他地区和农业生产经营主体,从而推动河北省农业数智化转型。河北省可以举办数智农业经验交流会,邀请典型案例的单位分享经验;通过组织数智农业培训班,提供数智农业技术和模式供农业生产经营主体使用;利用数智农业示范园展示数智农业技术应用和模式创新成果;以数智农业应用平台的开发为农业生产经营主体提供数智农业技术应用和模式创新服务。

(4)建立数智化农业示范推广机制

河北省需要构建一套示范推广机制来推广数智化农业,以确保成熟经验的广泛传播。为此,河北省可设立专项资金支持推广工作,组建专家团队提供技术指导,并且建立一套成熟的考核机制评估推广成效,同时还应该打造一个信息平台来发布相关资讯。实施措施包括四方面内容。一是在粮食主产区、蔬菜基地、特色农产品区精准筛选示范对象，以此来明确可以提高生产效率、保证品质和促进农民增收的示范目标，同时还需要制定包含技术选择、实施步骤、预期成果的示范方案。二是在示范园区集中展示成果，规划一个完整的园区布局，并且完善相关的功能，成功搭建交流平台，由此产生品牌效应。三是通过扩大网络推广范围、加大宣传力度并加强技术培训、提供技术支持，将示范经验辐射至更广范围。四是建立一套行之有效的评估体系，收集各方的反馈，持续改进示范机制，确保数智化农业推广工作的长效性和实效性。

7.5 本章小结

本章是本研究的落脚点。主要是在遵循理论阐述、评价体系构建和实证分析结果的基础上，结合四省在数智化赋能农业高质量发展的实际中，针对河北省数智化赋能农业高质量发展的路径提出相应的对策。其一，在制定数智农业专项发展规划方面，河北省可以通过构建法治化政策框架，加大关键技术研发力度，实施试点项目，引领河北数智化农业创新发展。其二，在构建数字化协同网络方面，河北省可以通过夯实信息基础设施，搭建农业产业链协同平台，创新金融服务模式，提升河北农业产业链智能化管理水平。其三，在加强数智农业人才策略方面，河北省可以通过完善教育培训体系，实施人才引进计划，设计绩效激励机制，优化河北数智人才资本机制。其四，在借鉴省际经验与本土化应用方面，河北省可以通过分析省际成功案例，制定本土化实施策略，优化政策法规环境，开展典型案例研究，推动河北省现代农业实现更高质量发展。

第8章 结论与展望

8.1 结论

农业高质量发展对乡村振兴的实现有关键性的作用,更是对国家粮食安全、食品安全以及生态安全起到主导作用,在国家经济的发展与社会的进步过程中扮演着战略性的支撑角色。中国式现代化的本质要求就是实现高质量发展,这个理念对农业领域也是适用的,也就是说,农业高质量发展不仅仅是农业自身转型升级的必然过程,也是中国式现代化进程中不可或缺的一步。要想实现农业高质量发展,我们不仅要提升农业生产效率和农业产品的质量,还必须关注农业生态环境,保证农业的绿色发展。与此同时,农业高质量发展的实现离不开科技创新,创新是农业高质量发展的动力源泉。

数字化智能化农业发展对数字乡村建设非常重要,加快乡村振兴进程,对实现农业高质量发展有着重要的促进作用,对实现共同富裕起关键作用。因此,研究数智化与农业高质量发展的关系就成为重要课题。在这样的背景下,本研究通过绪论、相关理论基础、数智化赋能农业高质量发展的机理分析、河北省数智农业发展的演变与现状、河北省数智化赋能农业高质量发展的实证分析,包含11个地级市数智化与农业高质量发展的测算与固定效应回归模型等、国内数智化与农业高质量发展借鉴、数智化赋能农业高质量发展的实现路径,对二者关系有了更为全面而深刻的认识,为推动农业高质量发展提供理论与实践支撑。本研究得出了两个主要结论。

第一，河北省数智化与农业高质量发展均存在地区差异性，数智化方面，河北省11个地级市数智化发展水平逐年稳步上升，同时第一、二、三产业与数智化程度的相关性也在持续提升，从而推动河北省11个地级市数智化平稳高速向前发展。从河北省11个地级市来看，石家庄、廊坊、保定等地区数智化发展处于领先位置，承德、秦皇岛等地区数智化发展水平较低，与领先地区的差距较大。农业高质量发展方面，河北省11个地级市农业高质量发展水平逐年提升且增长速度明显，且地区之间农业高质量发展增速具有差异性。随着农业机械科技的投入资金提高，政府和社会对农业的支出加大，城乡发展的差距逐渐缩小，农村的经济水平和农民的收入水平也有所提高，基于这些因素，农业高质量发展进程增快。从不同地区来看，虽然每个地区的农业高质量发展水平呈上升之势，但发展速度却不尽相同，石家庄、保定等地区的发展水平处于领先位置，反之，秦皇岛、承德等地区的水平较低。

第二，从实证结果来看，河北省的数智化对农业高质量发展起到了促进作用。其控制变量上教育投入、科学技术投入、政府干预显著影响河北省农业高质量发展，说明人才、科技研发投入与政府农业补贴对推动农业高质量发展有重要作用。在地区异质性上，除唐山市和廊坊市外，数智化在其他九个地级市显著促进了农业高质量发展。其中秦皇岛市、保定市这两个地区的影响最大。门槛效应上，河北省农户固定资产投资的门槛值为130 067万元，当农户固定资产投资低于130 067万元时，数智化水平对农业高质量发展的系数为1.36，当农户固定资产投资高于130 067万元时，数智化对农业高质量发展的作用系数为0.58。从回归结果来看，在农户固定资产投资低于130 067万元时，数智化发展对农业高质量发展的推动作用较为迅速，在农户固定资产投资高于130 067万元时，数智化发展对农业高质量发展的推动作用有所减缓。同时，实证数据显示，数字普惠金融影响数智化与农业高质量发展之间的关系。

8.2 展望与不足

8.2.1 展望

当前,数字化与智能化的深度融合正以前所未有的技术动力,推动农业向高质量发展的道路迈进,为乡村振兴战略的实施注入了新的活力与动能。数智化与农业融合步入深化期,标志着数智农业的相关研究即将迈入一个崭新的阶段。在此背景下,如何实现从传统农业向数字农业的顺利转变,不仅成为探索农业高质量发展的核心议题,也是本研究后续将重点关注的领域。在理论研究层面,本研究致力于通过综合数智化相关理论、新质生产力理论以及可持续发展理论等多维度深度剖析数智化赋能农业高质量发展的内在机理。这一探索旨在丰富和完善数智化赋能农业高质量发展的理论体系,为实践应用提供坚实的理论支撑。具体而言,我们将深入研究数智技术与农业高质量发展的互动机制,揭示数字新质生产力如何驱动农业生产效率的提升与产业结构的优化;同时,考察数字创新平台在促进农业技术创新、知识扩散和产业升级中的关键作用,以及这些要素如何共同作用于农业高质量发展的全过程。此外,我们还将关注数智化转型过程中可能出现的挑战与机遇,探讨如何通过政策引导、技术创新、人才培养等措施,有效促进数智技术与农业生产的深度融合,确保数智化赋能农业高质量发展的路径既高效又可持续。通过这些研究,我们期望能为我国乃至全球农业的高质量发展提供有益的参考和启示,推动数智农业迈向更加广阔的发展前景。

此外,从目前数智化的农业应用现状来看,还有很大的提升空间。如果把数智化技术应用到"田野"研究中,加快农业高质量发展已成为未来研究的重点课题。如何发挥政府作用,因地制宜地制定数智化与农业高质量发展的政策制度也是未来研究的重点。在实践研究方面,数智农业对提升农民收入水平有一定的积极作用,但学界对其背后驱动机制的研究却很少。数智农业发展的最终目的就是提高农民收入,让城乡差距缩小,最终实现共同富裕。当前数智农业确实一定程度上提高了农民的收入水平,但绝大多数成果被企业和中间商获取,农民的收入水平没有明显提高,因此,未来的数智农业研究应考虑如何协调各个农业经营主体的利益关系,合理地分配数智农业的优势,一定程度地向低收入农民倾斜,进而提高他们的收入水平。

8.2.2 不足

从数据的可得性看,数智化是一个较为新颖的概念,确实在研究过程中带来了不少挑战。本研究数据样本采用了2013—2022年河北省11个地级市的面板数据来进行实证研究分析。需要注意的是,这一数据样本量较少且受限于时间,只能做短期分析,而对于数智化对农业高质量发展的长期研究,本研究尚无法得出全面而深入的结论,要弥补这一缺陷,有待于未来进一步的数据积累和分析工作。

在农业高质量指标体系的构建过程中,本研究也遇到了一些困难,原因是地级市的数据中个别数据无法获得。研究过程中,为了保证数据的准确和完成性,我们选择了与这些数据相似或具有替代性的指标来进行分析。这种做法确实缓解了地级市数据短缺的问题,但对数据分析和实证结果的准确性也产生了一定的影响。

同时,本研究是针对河北省11个地级市的数智化与农业高质量发展进行的研究,选取的是河北省11个地级市的数据进行的实证分析,因此所得出的结论主要适用于河北省内的情境,然而,在农业发展的实际经济活动中,不同省份之间的相互影响是不可忽视的。因此,本研究的结论在推广到全国范围或其他省份时,可能需要考虑更多的外部因素和区域差异。为了更好、更准确地评估数智化对农业高质量发展的影响过程,未来的研究应进一步拓展数据样本,纳入更多省份和更长时间跨度的数据,以揭示数智化与农业高质量发展之间的更深层次关系。

参考文献

[1] 边克冰，关锋.数字文明形态下的新质生产力：理论基础、具体挑战与改革探索［J/OL］.暨南学报（哲学社会科学版），2024（11）：1-16.

[2] 卜庭梅.乡村振兴背景下新质生产力助力饲料产业就业创业的路径探析［J/OL］.饲料研究，2024（24）：188-191.

[3] 曹小琴，邢慧强，陈茂清，等.中国农业科技创新政策的发展与建议——基于德国、美国和日本的经验分析［J］.科技管理研究，2024，44（22）：37-46.

[4] 曹钟雄，陈振华.数字经济赋能新质生产力：内涵、作用和着力点［J］.技术经济与管理研究，2024（12）：53-57.

[5] 陈国青，任明，卫强，等.数智赋能：信息系统研究的新跃迁［J］.管理世界，2022，38（1）：180-196.

[6] 陈睿绮，李华晶.京津冀地区绿色农业创业生态系统的数字创新能力评价［J］.经济地理，2024，44（11）：141-150.

[7] 陈世禄.生态保护理念下农业生产可持续发展研究——评《农业生产力可持续发展研究》［J］.应用化工，2024，53（9）：2268.

[8] 陈宇斌，王森，陆杉.新发展理念驱动下绿色创新对碳排放的影响及其机制研究——基于连续型双重差分的经验证据［J］.经济与管理研究，2022，43（9）：3-16.

[9] 单宇，许晖，周连喜，等.数智赋能：危机情境下组织韧性如何形成——基于林清轩转危为机的探索性案例研究［J］.管理世界，2021，37（3）：84-104.

[10] 旦志红.新时代新疆产业高质量发展形成新格局的路径论析［J］.新疆

大学学报（哲学社会科学版），2024，52（6）：75-86.

[11] 丁煜莹，高志刚.经济集聚、要素配置与区域经济高质量发展[J].山西财经大学学报，2024，46（12）：43-56.

[12] 豆书龙，朱晴和，赵子强.新质生产力赋能宜居宜业和美乡村建设：内在机理、阻滞因素与纾解方略[J].南京农业大学学报（社会科学版），2024（12）：1-12.

[13] 樊胜根，龙文进，孟婷.加快形成农业新质生产力引领农业强国建设[J/OL].中国农业大学学报（社会科学版），2024，（11）：1-15.

[14] 冯华，陈亚琦.平台商业模式创新研究——基于互联网环境下的时空契合分析[J].中国工业经济，2016（3）：99-113.

[15] 冯宇，赵骅，王泽昊，等.数字化背景下基于边缘计算驱动的智慧农业[J].技术经济，2024，43（7）：40-52.

[16] 郭朝先，苗雨菲.数字经济促进乡村产业振兴的机理与路径[J].北京工业大学学报（社会科学版），2023，23（1）：98-108.

[17] 郭海红.互联网驱动农业生产性服务创新：基于价值链视角[J].农村经济，2019（1）：125-131.

[18] 郭永田.充分利用信息技术推动现代农业发展——澳大利亚农业信息化及其对我国的启示[J].华中农业大学学报（社会科学版），2016（2）：1-8，134.

[19] 韩文龙，张国毅.新质生产力赋能高质量发展的理论逻辑与实践路径[J].政治经济评论，2024，15（5）：72-94.

[20] 侯冠宇，张震宇，董劭伟.新质生产力赋能东北农业高质量发展：理论逻辑、关键问题与现实路径[J].湖南社会科学，2024（1）：69-76.

[21] 侯美樾，张东祥.数字经济赋能新质生产力：内在关联与实现路径[J/OL].重庆理工大学学报（社会科学），2024（12）：1-18.

[22] 侯先正，肖彤，陈玉兰，等.数字新质生产力、土地经营效率与新疆农业绿色全要素生产率的关系分析[J].新疆农业科学，2024，61（S1）：

196-205.

[23] 胡杰.浅析数字经济时代下企业管理的重构策略[J].企业改革与管理,2023(8):45-47.

[24] 胡伦,陆迁.贫困地区农户互联网信息技术使用的增收效应[J].改革,2019(2):74-86.

[25] 胡潇方,孙仁华,孙元丰,等.我国典型生态农业主体的实践特征与发展建议——基于431个国家级生态农场的研究分析[J].中国生态农业学报(中英文),2024,32(6):1075-1085.

[26] 黄斌,孔祥智.农业新质生产力赋能农民增收:理论机制与实践路径[J/OL].中国农业大学学报(社会科学版),2025(1):1-13.

[27] 黄博,吴晗.新质生产力背景下农民数字素养的构成与运行[J].江苏社会科学,2024(6):140-148.

[28] 黄晶,王文涛,揭晓蒙.摆脱人类困境,探索可持续发展——德内拉·梅多斯及《增长的极限》的诞生与影响[J].可持续发展经济导刊,2022(3):51-56.

[29] 黄迈,马九杰.农户网络贷款服务模式及其创新发展[J].改革,2019(3):97-105.

[30] 黄宇韬.云计算在智慧农业系统中的应用研究[J].中国农业资源与区划,2024,45(1):10,33.

[31] 江兰兰.数字新质生产力、数据要素配置与农业高质量发展[J].技术经济与管理研究,2024(12):90-95.

[32] 贾云萱.河北省农业全要素生产率影响因素研究[D].石家庄:河北经贸大学,2024.

[33] 金碚.关于"高质量发展"的经济学研究[J].中国工业经济,2018(4):5-18.

[34] 孔凡斌,陆雨,徐彩瑶.数字新质生产力促进山区林业产业高质量发展的作用机制[J/OL].林业科学,2024(11):1-25.

[35] 李锋, 江灿. 新质生产力赋能乡村振兴的理论逻辑、现实困境与实践路径[J/OL]. 南京农业大学学报（社会科学版）, 2024（12）: 1–12.

[36] 李瑾, 郭美荣, 高亮亮. 农业物联网技术应用及创新发展策略[J]. 农业工程学报, 2015, 31（S2）: 200–209.

[37] 李俊利. 数字新质生产力、农业高质量发展与乡村振兴[J]. 技术经济与管理研究, 2024（12）: 29–34.

[38] 李克乐, 黄剑辉, 宋丽娜. 农村金融高质量发展赋能农村集体经济: 理论分析与实证检验[J/OL]. 统计与决策, 2024（24）: 133–138.

[39] 李同. 基于农业农村高质量发展的农村参与式社区模式构建[J]. 农业经济, 2024（12）: 52–54.

[40] 李妍, 宋云龙. 数字经济赋能农业高质量发展的组态路径及区域差异[J/OL]. 财会月刊, 2024（12）: 1–8.

[41] 李梓元, 高拴平, 郭丹丹, 等. 数字经济、新质生产力与产业链供应链韧性[J]. 技术经济与管理研究, 2024（12）: 65–70.

[42] 刘华. 数据要素配置、农业新质生产力与农业高质量发展[J]. 统计与决策, 2024, 40（21）: 11–16.

[43] 刘金涛. 数字新质生产力赋能国内国际双循环——基于产业结构升级的中介效应检验[J]. 技术经济与管理研究, 2024（12）: 47–52.

[44] 刘琪琦. 农业机械智能监测系统在农田管理中的应用[J]. 河北农机, 2023（17）: 22–24.

[45] 刘帅. 农业信息化对农业全要素生产率的影响[J]. 社会科学家, 2021（9）: 79–85.

[46] 刘晓倩, 韩青. 农村居民互联网使用对收入的影响及其机理——基于中国家庭追踪调查（CFPS）数据[J]. 农业技术经济, 2018（9）: 123–134.

[47] 刘志彪. 理解高质量发展: 基本特征、支撑要素与当前重点问题[J]. 学术月刊, 2018, 50（7）: 39–45, 59.

[48] 刘忠宇, 热孜燕·瓦卡斯. 中国农业高质量发展的地区差异及分布动态

演进[J].数量经济技术经济研究,2021,38(6):28-44.

[49] 卢诗杰,陈亚南.乡村文化高质量发展的理论逻辑和实践路径[J].农业经济,2024(12):57-59.

[50] 卢宪英,崔卫杰.中国农业开放发展的现状、问题与建议[J].国际贸易,2024(11):15-23.

[51] 鲁钊阳,杜雨潼.数字经济赋能农业高质量发展的实证研究[J].中国流通经济,2022,36(11):3-14.

[52] 陆岷峰.数智化创新赋能实体经济高质量发展:运行机理与实践策略[J].广西社会科学,2024(1):12-20.

[53] 罗光强,宋新宇.新竞合关系下农业科技金融赋能农业可持续发展的机理与效应[J].科学管理研究,2024,42(6):116-126.

[54] 罗浩轩.农业高质量发展机制是如何形成的[J].当代经济研究,2024(4):75-87.

[55] 罗梦君.新质生产力背景下高素质农民数字素养培育的困境及突破[J].职教论坛,2024,40(11):95-101.

[56] 马费成,孙玉姣,熊思玥.新质生产力驱动数字经济高质量发展[J/OL].信息资源管理学报,2025(1):1-9.

[57] 马维孝.大数据在农业决策中的应用[J].中国果树,2023(12):168.

[58] 马玉丽,周煜.数字技术推进农业新质生产力形成的实证研究[J].华东经济管理,2024,38(12):1-8.

[59] 玛依努尔,马继越.数字经济与产业结构升级——理论逻辑与实证检验[J/OL].资源与产业,2024(12):1-17.

[60] 牛安春,张华清,何妍君.全方位培育涉农新质生产力发展现代化大农业[N].中国食品安全报,2024-03-11(A04).

[61] 潘雨桐,李翠霞.数字技术赋能奶业高质量发展及空间效应研究[J].中国乳品工业,2024,52(11):58-66,74.

[62] 庞洪伟,杨瑶,巩艳红.数字普惠金融、新质生产力与城乡融合发展

[J].统计与决策,2024,40(19):24-30.

[63] 齐文浩,宋长兴,齐秀琳.数字农业与农村环境可持续发展：作用机理与多维效益[J].财贸研究,2024,35(6):45-58.

[64] 齐文浩,张越杰.以数字经济助推农村经济高质量发展[J].理论探索,2021(3):93-99.

[65] 饶旭鹏,赫英强.农业新质生产力：内涵特征、困境检视及发展对策[J/OL].山西农业大学学报（社会科学版）,2024(9):1-11.

[66] 任保平,王子月.数字新质生产力推动经济高质量发展的逻辑与路径[J].湘潭大学学报 2023(6):23-30.

[67] 石晓燕,索利利,韩苏,等."两个先行"目标下浙江农业机械化发展对策研究[J].中国农机化学报,2024,45(11):259-264.

[68] 邵峻青,魏霖静.数智融合背景下农业大数据资源整合的路径探索[J].经济研究导刊,2023(21):59-62.

[69] 施邱斌.数字农业背景下企业成本管理精细化的路径探析[J].财经界,2023(5):39-41.

[70] 史燕.数字经济赋能我国粮食产业高质量发展的路径探析[J].农业经济,2024(11):7-9.

[71] 孙霏,陈少妮,连庆华.商业模式创新下的农业数字化转型与发展策略研究[J].农业灾害研究,2024,14(5):82-84.

[72] 孙继国,孙尧.共同富裕目标下金融科技是否促进了乡村产业振兴[J].财经论丛,2022(11):51-60.

[73] 孙健健,李宗明.何以 以何 如何：新质生产力赋能绿色发展的三重审思[J/OL].太原理工大学学报（社会科学版）,2024(10):1-8.

[74] 孙久文,张翱.数字经济时代的数字乡村建设：意义、挑战与对策[J].西北师大学报（社会科学版）,2023,60(1):127-134.

[75] 孙茹,韩卫民,李江伟.浅谈如何降低农业生产成本[J].河南农业,2019(4):60-61.

［76］唐岳曦，蔡湘杰．数智化赋能中国式现代化乡村振兴的机理与检验——基于马克思主义生产力理论［J/OL］．财经理论与实践，2024（10）：1-9.

［77］童元松．数字金融赋能新质生产力发展的路径研究［J］．征信，2024，42（11）：60-68.

［78］万佳俊，倪卫红．数字经济视角下农业供应链金融创新模式研究［J］．山西农经，2024（10）：205-208.

［79］王丹雅．绿色经营管理与可持续发展战略研究［J］．现代企业文化，2024（22）：82-84.

［80］王殿安，彭才根．略论我国农业新质生产力的培育［J］．农业经济，2024（11）：16-18.

［81］王锋正，刘曦萌．产业数字化、虚拟集聚与新质生产力发展——基于中国内地30省份的空间溢出效应［J/OL］．科技进步与对策，2025（1）：1-12.

［82］王复三，曹维源．生产力因素研究与开发［M］．济南：山东人民出版社，1989：40-41.

［83］王海杰，王开阳．数据要素驱动新质生产力发展的机制、挑战与应对措施［J/OL］．中国流通经济，2025（1）：1-11.

［84］王慧，皇甫静．新质生产力推进数字乡村建设的理论内涵、现实基础及提升路径［J/OL］．社会科学家，2024（6）：123-129.

［85］王剑，吴娟．"可持续发展"理念的首倡及其意义——《我们共同的未来》述评［J］．铜仁学院学报，2014，16（6）：62-65.

［86］王静田，付晓东．数字经济的独特机制、理论挑战与发展启示——基于生产要素秩序演进和生产力进步的探讨［J］．西部论坛，2020，30（6）：1-12.

［87］王苗．新质生产力、开放式创新与共同富裕［J］．技术经济与管理研究，2024（12）：35-40.

［88］王琴梅，杨军鸽．数字新质生产力与我国农业的高质量发展研究

[J]．陕西师范大学学报（哲学社会科学版），2023，52（6）：61-72．

[89] 王欣亮，李想．数智赋能农业新质生产力培育的逻辑与进路——基于马克思主义生产力理论分析[J]．西北大学学报（哲学社会科学版），2024，54（5）：17-27．

[90] 王艳荣，谢晓茜，杨艳．新质生产力如何赋能经济高质量发展——基于创新要素配置视角[J]．新疆社会科学，2024（6）：42-53．

[91] 王燕，王苓，罗志高．农业高质量发展与农业一体化耦合关系的时空特征与影响因素——以长江经济带城市群为例[J]．长江流域资源与环境，2024，33（11）：2525-2539．

[92] 王永昌，尹江燕．论经济高质量发展的基本内涵及趋向[J]．浙江学刊，2019（1）：91-95．

[93] 王永贵，汪淋淋．"数字化赋能"助力解决发展不平衡不充分问题[J]．智慧中国，2021（9）：18-21．

[94] 王志涛，李晗冰，李增福，等．农业新质生产力形成的理论机理和实现路径："寿光模式"的纵向案例研究[J/OL]．农业现代化研究，2025（1）：1-11．

[95] 王宏利．数智技术赋能智能制造业高质量发展的应用及启示[J]．产业创新研究，2024（18）：1-3．

[96] 位杰．新质生产力赋能农业强国建设的逻辑依据、作用机理与推进路向[J/OL]．当代经济管理，1-9[2025-01-07]．

[97] 魏珊．数字新质生产力、技术变迁与农民农村共同富裕[J]．技术经济与管理研究，2024（12）：23-28．

[98] 魏伟新，张雅洁，张辉．庐山胜利村民宿高质量开发对策研究[J]．九江学院学报（社会科学版），2022，41（4）：124-128．

[99] 魏文刚，李洋．逻辑·挑战·进路：数字经济赋能乡村产业高质量发展[J]．农业经济，2024（10）：55-57．

[100] 文丰安．新质生产力推动城乡融合发展的作用机理与实现路径[J/OL]．

中国流通经济, 2025 (1): 1-11.

[101] 吴俊珺, 杜文豪. 数实融合、资源配置效率与新质生产力发展 [J/OL]. 统计与决策, 2024 (24): 5-10.

[102] 夏丽, 张艳荣. 农业高质量发展研究综述 [J]. 农业经济, 2024 (12): 7-9.

[103] 夏显力, 陈哲, 张慧利, 等. 农业高质量发展: 数字赋能与实现路径 [J]. 中国农村经济, 2019 (12): 2-15.

[104] 肖峰, 赫军营. 智能时代新质生产力的三重样态 [J]. 思想理论教育, 2025 (1): 33-40.

[105] 肖立新. 新时代农业产业链创新发展的模式研究 [J]. 怀化学院学报, 2024, 43 (3): 117-122.

[106] 谢富胜, 江楠, 匡晓璐. 正确理解新质生产力 [J]. 政治经济学研究, 2024 (3): 67-79.

[107] 谢琳. 数字农业农村发展下农村数字普惠金融创新模式分析 [J]. 农业经济, 2020 (11): 12-14.

[108] 辛岭, 安晓宁. 我国农业高质量发展评价体系构建与测度分析 [J]. 经济纵横, 2019 (5): 109-118.

[109] 徐蔼婷, 陈镜如. 新质生产力提升: 数字经济与技术创新协同助力 [J]. 山西财经大学学报, 2024, 46 (12): 1-15.

[110] 徐平, 李子豪. 智慧农业高质量发展研究 [J]. 棉花科学, 2024, 46 (5): 89-91.

[111] 徐诗航, 徐晓风. 数字新质生产力与经济增长动能转换: 理论和实证 [J]. 云南财经大学学报, 2024, 40 (12): 1-16.

[112] 徐玉婷, 陈晓月, 吕晓, 等. 可持续发展目标下气候智慧型农业: 概念辨析、基本议题和中国实践启示 [J]. 地理研究, 2023, 42 (8): 2018-2035.

[113] 阳镇, 陈劲. 数智化时代下企业社会责任的创新与治理 [J]. 上海财

经大学学报，2020，22（6）：33-51.

[114] 杨军鸽，王琴梅.数字农业新质生产力发展水平的地区差异及收敛性[J].西安财经大学学报，2024（37）：1-15.

[115] 杨倩.农业现代化视角下数字化赋能农村高质量发展的路径探析[J].农业经济，2024（11）：22-24.

[116] 杨守德，于堃.数字化赋能农业全产业链融合的机制与高质量发展路径研究[J].商业经济，2023（5）：5-6，15.

[117] 杨用才.新质生产力赋能农业农村现代化：驱动逻辑、现实困境与实践路径[J/OL].江西财经大学学报，2024（12）：1-12.

[118] 杨泽夏，郭树华.以新质生产力推动沿边区域高质量发展[J].云南社会科学，2024（6）：114-123.

[119] 杨亚雄，李浩.贯彻新发展理念与发展新质生产力的互构逻辑[J/OL].合肥工业大学学报（社会科学版），2024（6）：1-8.

[120] 叶晓东，肖惠玲.智慧农业促进中国经济可持续发展的路径研究[J].智慧农业导刊，2024，4（18）：1-4.

[121] 易加斌，李霄，杨小平，等.创新生态系统理论视角下的农业数字化转型：驱动因素、战略框架与实施路径[J].农业经济问题，2021（7）：101-116.

[122] 易加斌，徐迪，王宇婷，等.学习导向、大数据能力与商业模式创新：产业类型的调节效应[J].管理评论，2021，33（12）：137-151.

[123] 殷浩栋，霍鹏，汪三贵.农业农村数字化转型：现实表征、影响机理与推进策略[J].改革，2020（12）：48-56.

[124] 尹邦睿.从智慧农业生产要素变革理解其理论内涵[J].智慧农业导刊，2024，4（12）：1-6.

[125] 尹西明，钱雅婷，武沛琦，等.数据要素向新质生产力转化的理论逻辑与典型实践路径研究[J/OL].科学学与科学技术管理，2024（12）：1-27.

[126] 余斌.准确表达马克思主义基本原理[J].学术评论，2014（3）：13-19.

[127] 余卫，赵皖渝，赵彤彤.数字经济赋能新质生产力发展的内在机理与提升路径研究[J/OL].重庆大学学报（社会科学版），2024（12）：1-16.

[128] 余艳锋，袁婷婷，余永琦，等.江西粮食产业现状及高质量发展对策[J/OL].中国稻米，2025（1）：2-8.

[129] 袁欣同，覃春丽，董玉瑛，等.《寂静的春天》向世界敲响环保警钟[J].环境教育，2024（8）：27-29.

[130] 詹帅，万志蓝.数智服务赋能农业高质量数实融合的现实逻辑、实践路径与保障对策[J].西南金融，2024（1）：81-92.

[131] 银西阳，余茜，李建强.四川省农业高质量发展水平测度及其时空演变分析[J].科技管理研究，2021，41（19）：97-104.

[132] 张炳旭.互联网技术在数字化物流管理中的应用[J].物流工程与管理，2023，45（9）：72-74，59.

[133] 张成刚，辛茜莉.让政府、平台、劳动者三方共赢——以公共就业服务融合新就业形态为视角[J].行政管理改革，2022（2）：79-87.

[134] 张寒，张晓宁.农业领域新质生产力：创新与可持续发展的未来——农业领域新质生产力学术论坛综述[J].农业经济问题，2024（8）：139-144.

[135] 张辉，唐琦，吴尚.健全推动经济高质量发展体制机制的三重逻辑[J].中国人民大学学报，2024，38（6）：20-34.

[136] 张丽娟，熊念.新质生产力赋能出版业高质量发展的逻辑理路、价值归路和实践进路[J].编辑之友，2024（9）：50-56.

[137] 张勇.智能农业的机遇与挑战[J].机器人产业，2020（4）：52-54.

[138] 张远新，张文羽.数字技术赋能中国式农业现代化的必然逻辑、现实难题及推进重点[J/OL].西安财经大学学报，2024（10）：1-10.

[139] 张在一，毛学峰."互联网+"重塑中国农业：表征、机制与本质

[J].改革,2020(7):134-144.

[140]张志新,李成,靳玥.数字技术赋能农业高质量发展——基于现代农业三大体系分析框架[J].宏观经济管理,2022(3):63-69.

[141]张默,孙科.农业高质量发展理论内涵、水平测度及评价研究[J].农业经济,2021(5):6-8.

[142]赵佳鹏.数智赋能下大同云州区黄花菜供应链的升级研究[D].郑州:河南工业大学,2023.

[143]赵佳琪.农业绿色金融可持续发展问题研究[J].农业经济问题,2023(8):2.

[144]赵剑波,史丹,邓洲.高质量发展的内涵研究[J].经济与管理研究,2019,40(11):15-31.

[145]赵京桥.以高质量发展引领乡村产业振兴探析[J].理论视野,2024(11):48-53.

[146]赵君旸,费宇.数字经济对新质生产力的影响及空间溢出效应[J].学术探索,2024(11):121-131.

[147]赵敏婷,陈丹.农业品牌数字化转型的实现路径[J].人民论坛,2021(36):76-78.

[148]郑阳阳,廖丰.新型农业经营主体数字化转型赋能农业新质生产力[J].四川农业大学学报,2024,42(6):1179-1185,1202.

[149]郑志康.深刻把握新质生产力的整体机理:一个探索性的分析理路[J].求实,2025(1):16-31,109-110.

[150]周锦.数字文化产业赋能乡村振兴战略的机理和路径[J].农村经济,2021(11):10-16.

[151]周鹏飞,蔡扬,龙小燕.数字普惠金融对农业新质生产力的影响效应及政策建议[J].西南金融,2024(11):45-58.

[152]周文,白佶.新质生产力与新型生产关系:生产力跃迁与生产关系变革[J/OL].云南民族大学学报(哲学社会科学版),2025(1):1-12.

［153］周文慧，王一珺，陈丽佳.组态视角下数字经济赋能区域新质生产力的驱动模式研究［J］.云南财经大学学报，2025，41（1）：69-79.

［154］周晓丽.数字赋能农村公共服务高质量发展的机理及其路径研究［J/OL］.东岳论丛，2024（12）：136-143，192.

［155］朱杰.数字经济背景下德州市智慧农业发展研究［J］.当代县域经济，2024（10）：78-79.

［156］朱杰.数字经济赋能中国农业高质量发展研究［D］.成都：西南财经大学，2023.

［157］朱婧.基于可持续发展的农业经济管理创新探索——评《农业经济管理与可持续发展研究》［J］.灌溉排水学报，2024，43（2）：121-122.

［158］朱思吉，孙俊，吴映梅，等.农业生态经济系统近远程耦合及可持续发展研究——以云南省高原特色农业为例［J］.中国农业资源与区划，2024，45（4）：222-234.

［159］朱晓飞.数字经济引领产业结构升级：基于实证分析的探索与评估［J］.中国商论，2024（12）：65-70.

［160］Bahn R A, Yehya A A K, Zurayk R. Digitalization for Sustainable Agri-Food Systems: Potential, Status, and Risks for the MENA Region［J］.Sustainability, 2021,13（6）:3223.

［161］Aghion P, Jones B F, Jones C l, et al, Artificial Intelligence and Economic Growth［J］.National Bureau of Economic Research, 2017（6）:237-282.

［162］Duan J, Ren C,Wang S,et al. Consolidation of Agricultural Land Can Contribute to Agricultural Sustainability in China［J］.Nature Food,2022（2）:1014-1022.

［163］Fountas S, Espejo-Garcia B, Kasimati A, et al.The Future of Digital Agriculture: Technologies and Opportunities［J］.IT Professional Magazine, 2020,22（1）:24-28.

［164］Güler M, Büyüközkan G. Analysis of Digital Transformation Strategies With an Integrated Fuzzy AHP-axiomatic Design Methodology［J］.IFAC-PapersOnLine,

2019.52（13）:1186–1191.

[165] Hanjin L, Ruiyang Z, Jin H, et al.Research on the Impact of Digital Inclusive Finance on Rural Human Capital Accumulation: A Case Study of China[J].Frontiers in Environmental Science,2022（12）:10.

[166] Hemant N.A Practical Tool to Enhance the Chances of Success of Digital Agriculture Interventions for Sustainable Development in Africa and India [J].Journal of Crop Improvement,2021,35（6）:890–914.

[167] Hua Z, Ying L, Hanxiaoxue S, et al.How Can Digital Financial Inclusion Promote High-Quality Agricultural Development? The Multiple-Mediation Model Research[J].International Journal of Environmental Research and Public Health,2023,20（4）:3311–3313.

[168] Ivanov L A. Scientific-Technological Development of Land Use on the Basis of Digital Technologies in Agriculture[J].Herald of the Russian Academy of Sciences,2019,89（2）:199–200.

[169] Junguo H, Di Z, Yunfei J. Research on the Policy Effect and Mechanism of Carbon Emission Trading on the Total Factor Productivity of Agricultural Enterprises[J].International Journal of Environmental Research and Public Health,2022,19（13）:7581.

[170] Koomson I, Villano A R, Hadley D. Effect of Financial Inclusion on Poverty and Vulnerability to Poverty: Evidence Using a Multidimensional Measure of Financial Inclusion[J].Social Indicators Research,2020,149（2）:1–27.

[171] Lee S, Kim M S, Park Y, ICT Co-evolution and Korean ICT Strategy—An Analysis Based on Patent Data[J].Telecommunications Policy, 2009, 33（5–6）: 253–271.

[172] Liu F, Walheer B, et al.Financial Inclusion, Financial Technology, and Economic Development: A Composite Index Approach[J].Empirical Economics, 2022, 63（3）:1457–1487.

[173] Nambisan S, Wright M, Feldman M. The Digital Transformation of Innovation and Entrepreneurship: Progress, Challenges and Key Themes [J]. Research Policy, 2019,48（8）:103773.

[174] Ponsignon F, Kleinhans S, Bressolles G. The Contribution of Quality Management to an Organisation's Digital Transformation: a Qualitative Study [J]. Total Quality Management & Business Excellence,2019,30（1）:S17–S34.

[175] Shujun S, Lin G. Digital Transformation, Green Innovation and the Solow Productivity Paradox [J]. PloS One,2022,17（7）:e0270928–e0270928.

[176] Song J, Jie Z, Shuang Q. Digital Agriculture and Urbanization: Mechanism and Empirical Research [J]. Technological Forecasting & Social Change, 2022（21）:180.

[177] Xie W W, Wang T, Zhao X. Does Digital Inclusive Finance Promote Coastal Rural Entrepreneurship? [J]. Journal of Coastal Research,2020（103）: 240–245.

[178] Zainab U O, Kehinde O O, Oyinlola O R. Determinants of Adoption of Multiple Sustainable Agricultural Practices Among Smallholder Farmers in Nigeria [J]. International Soil and Water Conservation Research, 2020, 9（2）: 241–248.

后　记

随着本研究撰写工作接近尾声，我们心中充满了感慨和期待。这次研究不仅是对河北省农业数智化发展的一次整理工作，更是探索未来河北省农业高质量发展的一次分析工作。在撰写过程中，我们能感受到数智化给农业带来的机遇与挑战，精准农业、自动化生产线等技术都改变着河北省乃至全国的农业传统模式。数智技术的加入，让农业的效率逐步提升，农产品的安全保障也更有效，对推动农业高质量发展有非常重要的作用。在资料查阅和数据收集的过程中，我们看到了河北省各地区在实现农业数智化过程中的积极探索。这些数智技术不仅给河北省农业高质量发展带来了新动力，更为不同地区数智化发展提供了经验。

同时我们也意识到数智化赋能农业高质量发展仍有诸多挑战，如何让技术进步与农民收益共享，如何保障数智技术健康发展，这些都是需要深入思考的问题。因此本研究根据实证数据的分析及其他省份数智化与农业高质量发展的案例，对存在问题进行了深度分析，提出了相关的对策建议。相信未来数智化的发展将继续促进农业高质量发展。而随着数智技术的不断发展，以及数智农业场景的不断拓展，未来的数智技术将把农业生产变得更加智能化、精准化和绿色化。同时，我们也期待更多地区能够借鉴河北省的经验，结合自身实际，积极探索适合本地的农业数智化发展路径。

当然，书籍的完成只是一个开始，而非结束。我们希望《数智化赋能农业高质量发展——以河北省为例》能够激发更多人对农业数智化的兴趣与思考，促进更多有益的交流与合作。同时，我们也期待与更多的同行、专家以及关心农业发展的朋友们进行交流与合作，共同推动农业数智化事业的发展。

关于作者贡献说明：李大赛作为本书的主要作者，负责全书的整体策划、结构设计、内容审核与修订工作，并撰写了前言、第1章、第4章、第5章、第7章、第8章和后记部分。高亚飞撰写了第2章、第3章和第6章。郭彩云与刘志强负责文字纠错、引文核对、图表编号校验。

　　最后，感谢所有为这本书的撰写、出版付出努力的人们，是你们的辛勤工作和无私奉献，才使这本书得以顺利面世，为农业数智化的发展贡献了一份力量。我们相信，在大家的共同努力下，农业数智化的未来一定会更加美好！以此作为本书的后记，愿与所有关心农业数智化发展的人们共勉之。

李大赛
2025年1月